精品集萃丛书·时光不老系列

光是

画未来的草稿本

《中学生博览》杂志社 选编

时代文艺出版社

图书在版编目（CIP）数据

时光是勾画未来的草稿本 /《中学生博览》杂志社
选编. -- 长春：时代文艺出版社，2021.6
（青春美文精品集萃丛书.时光不老系列）
ISBN 978-7-5387-6678-3

Ⅰ.①时… Ⅱ.①中… Ⅲ.①作文－中小学－选集
Ⅳ.①H194.5

中国版本图书馆CIP数据核字(2021)第076646号

时光是勾画未来的草稿本

SHIGUANG SHI GOUHUA WEILAI DE CAOGAOBEN

《中学生博览》杂志社　选编

出 品 人：陈　琛
责任编辑：王金弋
装帧设计：任　奕
排版制作：隋淑凤

出版发行　时代文艺出版社
地　　址：长春市福祉大路5788号　龙腾国际大厦A座15层　（130118）
电　　话：0431-81629751（总编办）　0431-81629755（发行部）
网　　址：weibo.com/tlapress（官方微博）　sdwycbsgf.tmall.com（天猫旗舰店）
开　　本：880mm×1230mm　1/32
字　　数：135千字
印　　张：7
印　　刷：三河市嵩川印刷有限公司
版　　次：2021年6月第1版
印　　次：2021年6月第1次印刷
定　　价：36.00元

图书如有印装错误　请寄回印厂调换

编　委　会

Contents
目　录

懒猫咖啡馆的旧时光

你的笑容照亮未来

时光不会褪色

在时光中珍藏

少女心事住在木匣盒子

倩倩猪

学校门口的那棵歪脖子树下

夏小绿最近的心情跌宕起伏的有点儿大，她数学有史以来第一次考了个不及格，最铁的姐们儿跟别人越走越近，最重要的是她已经厌倦了和罗昀泽在一起的日子。

罗昀泽是他们班里的语文课代表，写得一手好字，文笔也好得没话说，夏小绿承认当时的自己或许有点儿小虚荣，因为一封很棒的情书答应做他的女朋友。

可是这都两个月了，夏小绿还是对他不来电，无奈之下准备谋划个委婉的分手仪式，一来显得郑重点儿，二来别伤了人家男生的面子。

英语课上，老师叽叽歪歪地讲着夏小绿听不懂的语言，班上其他同学跟着附和，她哀怨地望了望天花板，小声地蹦出一句："到底为什么中国人要学习外语呢？真是个令人费解的问题啊！"

"你能别这么白痴吗？"同桌小胖子一个白眼过来，夏小绿马上噤声了，她不喜欢她的同桌，不喜欢到连说话都懒得搭理。但每次只要夏小绿自言自语，小胖子就会跟着搭话，而每一次都是与白痴有关系的，她就只好不出声，埋着脑袋该干吗干吗。

夏小绿看着草稿纸，想了想写了几个字，隔着走廊传给了邻组的姐妹黄花同学，黄花捡起纸条，上面写着一个问句：小花花，请问你觉得在哪里分手会显得不太悲壮？

要是放以前，黄花一定好奇极了，肯定一张纸都写得满满的问句：啊？分手？为什么呢？夏小绿你真的要和罗昀泽分手啊？

可是这一次，黄花的回答异常的简洁：学校门口的那棵歪脖子树下。

夏小绿收起了纸条，揉成了一团，脸色有点儿难看，干吗分手的地点要和表白的地点一样？

放学后，同学们陆陆续续地走了，黄花也走了，罗昀泽站在门口等着夏小绿，看着她总是笑盈盈地招手，"小绿小绿，我们放学去一下奶茶店吧。"

"嗯。"夏小绿应了声，脑子里却在想，罗昀泽，就今天了。

经过学校门口的那棵歪脖子树下，夏小绿鼓起了勇气喊住了走在前面一点儿的罗昀泽，罗昀泽停了下来，问："小绿，你有心事？"

"那个……罗昀泽……我们……"夏小绿拼命地在脑海里组织恰当的语言，吞吞吐吐了半天还是没有一句完整的话。

"小绿，怎么了吗？"罗昀泽轻轻地拍了拍她的脑袋，递给了她一张动漫展门票，"下个月你生日，我在奶茶店兼职赚的钱给你买的，提前祝你生日快乐！"

"……"

"本来打算在你生日那天给你惊喜的，可是这几天看你都闷闷不乐的，今天提前给你开心下嘛。"罗昀泽真的是个好男生，夏小绿感动得不知道说些什么，不仅仅是因为一张门票，而是罗昀泽永远记得她喜欢着什么。

或许表白的地方，其实不太适合用来分手的。

黄花家的那台破电脑

黄花还有个哥哥叫黄箭，夏小绿第一次听到这兄妹两人的名字时笑得毫不矜持，她捂着笑疼的肚子问："谁给你们起的名字啊？这么有创意。"

两兄妹同时白了夏小绿一眼，黄花不满地嘀咕道："当然是我们那无敌的老爸，听说在学校念书那会儿就已经把我们的名字起好了，要是生女儿就叫黄花，儿子就叫黄箭，现在好了龙凤胎，两名字都没浪费。"

黄箭打着游戏调侃道："真好奇，如果我们家有第三个小孩，老爸会起什么名字？"

"黄梅戏？"黄花说完看了看夏小绿，夏小绿想了想，笑着说："绿箭？"

"喂喂，夏小绿，你耍赖，敢把姓都给改了。"黄花去挠夏小绿的胳肢窝，三个人都笑喷了。

要说关系那么好的两人为什么如今冷战了？夏小绿扪心自问，是自己的错，她开玩笑地说了一句，黄花和她同桌小胖子是绝配。

那天，一开始黄花还没有生气，只是装了装样子，结果小胖子插了一句："黄花？我才不会喜欢她呢。"

黄花一瞬间气得脸红彤彤的，她一把推开夏小绿，独自回到了座位，打从那之后两人基本感情越来越淡。

夏小绿不是没有想过去道歉的，可是她觉得自己只是开了个玩笑，要说罪魁祸首还是小胖子，谁让他多嘴的？夏小绿明白，任哪个女生被小胖子这么一说，都是伤自尊的。

夏小绿最终还是向黄花道了歉，两人冰释前嫌，夏小绿留在黄花家吃晚饭，晚饭过后，两人合伙从黄箭手里"抢"到了那台破电脑。

登了QQ之后，黄花一脸认真地问道："你真的要和

在时光中珍藏

罗昀泽分手啊？"

夏小绿不确定地点了点头，罗昀泽的QQ是离开状态，夏小绿先发出去一个龇牙的表情，罗昀泽那边是自动回复：你好，我正在游戏中，如果是夏小绿找的话请再次发送一个龇牙。

啧啧啧，黄花一连串的羡慕嫉妒恨啊，这么好的男生你去哪里找啊？就连打游戏你找也会退出来和你聊天的三好男生。

夏小绿心里的感动持续升级，是啊，这么好的男生确实不多，可是在一起的时候她怎么就没发现呢？临近分手了，罗昀泽的好才一点点显现。

盯着电脑屏幕发呆了一会儿，夏小绿删出了准备发出的龇牙表情，或许分手的事可以晚点儿再说，她开始犹豫了。

过了一会儿，罗昀泽的QQ头像闪动了，发给夏小绿两个字：有事？

夏小绿一看，硬着头皮想算了干脆说了吧，一了百了，她一字一字地打着分手的理由，突然，电脑黑屏死机了。

黄花坐在旁边诡异地笑了笑，安慰着暴走情绪下的夏小绿，"别气别气嘛，我们家电脑你知道的啦，或许这是上天给你们的暗示，你们其实不用分手的噢。"

夏小绿郁闷地离开了黄花家，门一关，卧室里传来黄箭的咆哮："黄花，告诉你多少次了，关电脑不能直接踩电源的……"

放在木匣盒子里的分手信

两个星期之后，夏小绿的假想分手现场每一次都以失败告终，总是会有那么多莫名的感动阻止了她邪恶的想法。

她甚至猜测，是不是罗昀泽知道她想要分手的意图，所以每一次都故意破坏。

为了安全起见，这一次，夏小绿选择一个人周末待在家里写了一封言辞恳切的分手信，她只需要在恰当的时候交给罗昀泽就可以了。

星期一，这是一个阳光明媚的早晨，夏小绿带着周末写好的那封分手信来到了学校，在早自习结束前，她本有三次机会在经过罗昀泽课桌前把信递给他的，但她都犹豫了，她心里想分手的愿望也没当初那么强烈了，她甚至忘记了自己一开始想要分手的初衷。

夏小绿把分手这件事当成了一个任务来完成它，却不知道有何意义。

早自习的铃声一响起，夏小绿便站了起来，从抽屉里拿出那封信，径直地走向罗昀泽的座位。然而，半途杀出个程咬金，夏小绿的同桌小胖子从后面拉住了她的胳膊，声音有点儿不正常，娘娘腔地喊道："小绿……"

时间被定格在了那一刻，夏小绿发誓，班上所有的人都安静了，看着小胖子惊讶的不得了。夏小绿自己也难以自信，浑身布满了鸡皮疙瘩，一把甩开小胖子的手，有点儿不高兴地吼道："有什么事你不会用嘴说啊？拉拉扯扯成什么样子？"

"对……对不起……"平时伶牙俐齿的小胖子这时开始有点儿口吃。

"算了，说。"夏小绿有点儿不耐烦，她的余光扫到了罗昀泽的座位，罗昀泽也站了起来，有点儿不知情况的问身边的同学，"那边怎么了？"

罗昀泽问的同学还没来得及讲话，小胖子的声音穿过整间教室把那简单的四个字"我喜欢你"传到了每个人的耳朵里。

一时间大家沸沸扬扬地开始了激烈的讨论，啊，原来那个闷骚的小胖子喜欢夏小绿啊；小胖子他胆子够肥的啊，他难道不知道夏小绿和罗昀泽在一起吗？糟了，罗昀泽要发飙了。

大家都把目光齐刷刷地转移到了罗昀泽座位那里，发现罗昀泽不在位置上，站在夏小绿身边的黄花恍然大悟道："怪不得，那天小绿开小胖子和她的玩笑时小胖子那么生气，原来……"

"砰——"一个拳头打在了小胖子的脸上，罗昀泽厉声警告道："喜欢夏小绿是吗？难道你不应该先问问我？"

小胖子愣在了原地，他不是打不过罗昀泽，他只是被罗昀泽刚刚的气势吓到了。

罗昀泽拉着夏小绿的手一路出了教室，操场上，两人慢悠悠地走着互不讲话。直到第一节课的铃声响起，夏小绿才看了看身边正在生气的男生，嘟嘴的模样很可爱，她的手松开了裤兜里的那封分手信，笑着问："你刚刚是不是吃醋了？"

罗昀泽脸涨得有点儿微红，忙挤出一个笑容，为自己辩解道："哪有？我只是一直都看小胖子不爽而已。"

"是吗？"夏小绿继续笑。

"当然。"罗昀泽不改口，肯定地点点头。

"罗昀泽同学，你再不快点儿走，我们第一节课就真的迟到了噢。"夏小绿跑在前面，笑得有点儿张扬，看来这封分手信要永久地作废了，不过，她会把它和那封罗昀泽给的表白信一起收藏在家里的那个木匣盒子里。

因为夏小绿突然发现，她喜欢罗昀泽的心情原来一直被隐藏了，而就在不经意的某一个时刻它已被轻轻开启了，迟钝的少女最终决定把心事藏了起来。

在时光中珍藏

雅哑

兔子先森

最后一次联系她是在圣诞节后，那天正好下了雪。小雪，洋洋洒洒的，笼得整个世界朦朦胧胧。

天有点儿冷，风大，南方的风潮湿又狂妄，带着入骨的寒意凛冽地吹着。

我在寝室窝在被子里打开电脑想策划案。晚上九点多钟，听见有人敲寝室门，叩门声很轻微，不急不慢的。叫了几声没有人开门，我有些不耐烦地从被子里爬出来，打开门，有冷风扑面而来，脑子整个清醒了，门外却空无一人。正纳闷着谁大半夜开这么无聊的玩笑，低头看见有一叠书被人静静地放在门口。放在最上头的是我一直心心念念的珍藏版的一本画刊。我蹲下去看那堆书，随手翻了翻突然觉得有些呼吸急促。

然后，我接到了她的电话。这是她第一次打电话给我。那边没有声音，只有浅浅的呼吸声一声一声不轻不重地传过来。我和她就这样沉默着。冷风不断地灌进来，室友翻着书，一边看着电脑一边用余光不满地瞥我。

我说："谢谢。"电话那头传出来的是一阵忙音。她挂了电话，我知道她听到了。

那是我最后一次和她联系。

1

我和雅雅是在图书馆认识的。

大学的节奏和高中不同，三年的忙碌习惯下来，大学的随性和散漫让我有些不知所措。有学长好心指点，不知道目标的话就去图书馆，再怎么样，看什么书也比待在寝室睡觉强。无奈，只能天天泡在图书馆看书，偶尔写一写文章，自得其乐。

在图书馆我一直占据着一个位置，那个位置光线算不上特别明亮，但是恰好对着学校的后山，往窗外看，给人一种鸟鸣山更幽的美感。那是我的固定座位。许是看到那个位置总有人坐着，光线也并不是很好，所以哪怕我偶尔去得晚了，那个位置也是空着的。

那天我因为贪睡，起得比平时晚了很多，我提着书朝熟悉的座位走过去，快走到时才赫然发现那里已经坐了一个人。她是背对着我的，女生，短发及肩，阳光从旁边溜进来一点儿，光斑点点，在她的身上笼罩出一片暖融融的光圈。

我犹豫了一下，终究还是不舍得离开这个往外一看可以看到大片光景的安静的位置。

想了想，还是走了过去，坐在她的对面。

四周的位置都是空的，我一个男生却偏偏和她一个女生挤在一块，谁都会感到有些奇怪吧。她却不，注意我坐下来的时候，半抬起头，冲我优雅地笑一笑。我这才看见她的眉目，清清秀秀的，像山水墨画。一看就知道是一个好相处的姑娘。

以后，时常两个人一桌。两人都是安静的性格，各看各的书，倒也不会觉得有什么不好。

再注意到她，是一个星期之后的事。

原因是，她每天来图书馆看的都是同一本书，东野圭吾的《白夜行》。我看着她从第一页一页一页翻到最后一页，然后合上书轻轻地呼出一口气。眉头紧蹙着，一脸困惑不解的表情。第二天又是《白夜行》，从头翻到尾，看完后微微地呼出一口气，又是紧蹙的眉头。第三天又是，日复一日。

同一个人，同一个位置，同一本书，每天一遍。饶是我再心如止水也压抑不住自己好奇的涟漪。

第七天我来得比较早，她走到座位拿出书放到桌子上的时候，我抬头看。果然，又是《白夜行》。同样一本书连续看七遍，这实在是一个让我百思不得其解的问题。所以，我也去拿了一本《白夜行》。

她看了许多遍，看书的速度比我快了许多，所以，当我合上书的时候，她也恰好合上书呼气。她显然注意到了我桌上放的和她同样的书，歪了歪头，嘴角勾了勾，笑了。然后主动向我写纸条，纸条上的字秀丽好看得像她本人一样：我老师说，《白夜行》是治愈系列的书，我就想看看。可就是觉得很绝望黑暗。我想是自己没有看懂这本书的缘故吧。所以，看了很多遍。

治愈系！第一次听到有人这么解释这本书，我嘴角抽了抽，不禁有些佩服那位老师的审美。但想了想，我回复：也许是因为有影子的地方终有光吧。

不过是一句再平常不过，甚至让我觉得有些非主流的话。她却笑了起来。眉眼弯弯，温婉伊人。

继续在纸条上问我：那么，有什么治愈系的书吗？

我脑子里闪过的看的书全是一些不得已的绝望和被动，摇了摇头。表示不知道。

快走的时候，她拉住我，把一张纸条郑重其事地放在我手心里，我看过去不禁一下子脸红。

那上面写着：我很喜欢你啊，想和你做朋友。

能对着一个没见过几次面的男生说出喜欢的女生是什么样的心理啊。

2

这之后才开始有了或多或少的对话。看书看累了，我们便给对方写纸条。有时候说对书的感受，有时候谈谈学校遇见的趣事。她从来不和我讲话，每一次的交流都是写在一本纸质本上。我有时候也会觉得有些奇怪，但是想想由于是在图书馆，说话会吵到别人大抵是不好的，也就没想太多。大抵是一种文艺吧。所以我和她的交流基本上是处于一种文字交流的状态。不说话的笔尖沟通让我有一种莫名的新奇感。况且，她的文笔很好。

在一言一语的文字交流中，我知道了她是学校交流生，在这里可以待一个月左右。大概只有两个星期待在这里了。这一次，她给了我她的手机号码，她说，以后可以发短信联系了。

她笑眯眯地告诉我：在学校后山有一个地方特别隐秘，藏在一片竹林里头很适合静心。

我笑，回复：以后一定要去看看，继承你的静心并发扬光大。

之后那几天考试，我没有去图书馆。她给我发了短信：今天我交了一个新的朋友，文章写得很好，和你一样。

考完试，文学社开会的时候，我想着回复点儿什么比较好，手机在手心里徐徐地转了几圈，有人八卦兮兮地小声问我："唉，你知不知道社长被人告白了？"

"这有什么奇怪的？"文学社社长在全校都是出了名的，他的优秀是我们有目共睹的，更何况现在大学被告白实在是再正常不过。我瞥了一眼坐在上头的社长，却发现他脸色不是很好。这才有些奇怪。

然后那个女生小声地说："什么啊，她不会说话。社长高兴得起来就怪了。"

我被她的口气弄得有些不悦，皱起眉头，"那人怎么了？"

"那是个哑巴。听说是学校交流生。"

我犹豫了一秒问："那人怎么告白的？"

她小声凑过来："好像是给了张纸条，上面写着什么我好喜欢你啊，想和你做朋友啊之类的。"

我倒抽一口凉气。脑子一下子炸开了，触碰到了什么又隐隐觉得不应该。低头再一次看手机她给我发的信息，只觉得嗓子似乎被什么堵住了。

那天傍晚我带着侥幸心理去图书馆，没想到她真的还在。她趴在桌子上呆呆地看着外面的天，我走过去，顺着她的眼睛看过去，一片虚无。

我问："看什么呢？"她回头看着我笑，指指窗外。

窗外有飞鸟飞过，无声无息。

那天我知道她的名字，雅雅。她在纸上当着我的面一笔一画地写，认真又严谨。

雅雅，真是个好名字。

3

之后的几天社里有活动我和同学去了西安。

最后一天回去的晚上闲来无事刷学校论坛，我半躺着，刷到最新一条后腾地一下子坐起来。胸口闷闷的，被什么堵住了。

论坛说，不会说话的女孩儿又勾引弯弯的男朋友了。

弯弯是我们级的级花。

后面配着一张图，女生扶着男生的肩，侧过头小心地看着男生，手里拿着纸笔。画面里的女生是雅雅。我不懂，到底什么样的行为才能被冠上勾引这么刺眼的词语。

弯弯的男朋友是我的朋友，要说他追到弯弯还有我的一份力挺。我第一反应就是打电话过去问情况，他听到我问，支支吾吾好一阵子。他说："是我当时打球受伤走路摔了，她过来扶我。"

我冷冷地开口，"那为什么学校论坛上是这种说法？"

"我解释过了，弯弯不信。"

流言实在是一个奇怪的东西，我前几天听到别人嘴里她向社长告白。从西安回来后再听见的一切都变了样。他们说，你知不知道，那个哑巴对弯弯的男友有意思。

生活就像偶像剧，你永远不知道它下一步会发生什么狗血的情节。

我回去那天匆匆去图书馆找她。路过操场看见很多人围成一个圈，人太多，我在外围看见弯弯和她对质，她眉目轻蔑。那个男生低着头不说话。

她始终沉默。

我费了好大的力气才挤进去，看着她。再看着气焰嚣张的弯弯，她一脸义愤填膺的正义感让我觉得好笑。

男生看见我，脸色变了变，走了过来："你别管。"

我笑，"你明明知道不是这个女生的问题。"

"她是走读生，过几天就要走了，而我要一直留在这里，"他低着头，"事情会到这个地步我也没想到，如果这个时候说出来，对弯弯不好。"

这个世界上有一种人真的是人渣。

我深呼吸好几次才忍住没有让自己一拳挥过去。

我没有理他，转身朝雅雅走过去想拉她走却被他拦住了，"你和她素不相识的，干吗为她强出头啊？"他顿了顿，"难道你喜欢她？她是残疾人耶。"这次我没有忍住，一拳挥了过去。周围一片哗然，我听见有人在尖叫。

你说这个世界上怎么会有这种人，把别人难以言喻的痛处当成自己沾沾自喜的垫脚石。

我去找她的时候，这件事已经处在风口浪尖上，整个院系因为这件事闹得沸沸扬扬。

而我也和文学社的社长吵了一架，他在论坛留言说：不会说话就是不会说话，还雅雅。被我看到了，我问他学文学的人都是学着用文字来这样伤人的吗？

她一个人躲在学校的后山，那个有一排密密麻麻的竹林的地方。

曾经她明明是满脸笑意地和我提起这个隐秘的地方。

我第一次来，看到的却是她无声无息的哭泣。

她整个人蜷缩在灌木丛后头，头埋在膝盖里，身子一抽一抽的。我从来没有比现在这一刻更加理解什么叫作无声胜有声。

我犹豫了下，还是走向她，蹲下来用手拍抚她。指尖触碰到她身体的那一刻，我感觉到她身体一瞬间的僵硬。

太阳已经沉沉落下半边，天边残阳如血。

我和她看东野圭吾的书的时候，她问我，为什么喜欢看这些书。我当时犹豫地说，因为人生就是这样，敢于直面黑暗就能看到光。

之所以有影子，是因为背后有光。而现在我该怎么和她解释这些影子和光。这个世界上有些人总喜欢把别人的伤口一次一次地撕开，逼得别人不得不把自己血淋淋的伤口展示给他人看。

我什么都做不了，在那天送了她一本书，鲁迅的。

我什么都做不了，却希望她能懂。有时候我也有些瞧不起自己。

我和她到底是谁不会说话。

4

过了一段时间，学校的论坛上出现了一篇文章，上面写的是关于这件事的起因，字字珠玑。匿名。完美解释这件事，又完美避开所有可能会伤害到别人的地方。

很多人开始在后面留言说，好像真的是这样，她当时是为了扶他起来。

对啊，好像扶起来就走了。

我当时看见了呢，就是这样。

……

那天后我退出了文学社。社长询问我原因的时候，我说："不希望和一个自视清高的人在一个地方。"

他愣了一下皱眉，看着我。

我继续问："她当初给你写的纸条上说，想和你做朋友是不是？你为什么不觉得她也许就是单纯地想和你当朋友呢？"

他愣了一下，直接否决，"不可能。"

你看，人总是喜欢把自己放在那么高的位置。想太多的人永远不会明了干净的孩子的心思。

弯弯的男友给我打电话求和好，"我知道我错了，我不该说你喜欢那个不会说话的女孩儿……"

我"啪"的一声挂了电话，毫不犹豫地把她加入黑名单。

之后再没有见过她了。

我收拾雅雅给我留的书的时候，有本书里头掉出了一张书签，背面有字：不能说话让我失去了许多好事，但也让我避开了许多是非。流言凭嘴，留言靠笔。我执笔留言，不会流言。

当滚滚流言向我袭来，我只能沉默。而我，也只能沉默。

很久以后，东野圭吾出了一本书叫《解忧杂货店》，一改他之前的讽刺暗黑，内容温暖有爱。我不知道她有没有看。

有一次路过书摊，翻看杂志。发现里面有一个署名叫雅哑的。我翻开看，作者的简介是：流言凭嘴，留言靠笔，我执笔留言，不会流言。

文章里有一句话，我知道笔也可以是最锋利的刀，但我想编织成歌。我合上杂志，往回走，又走了回来，想了想终究还是没有买下来。心里头隐隐有一口气彻底松了下来。又有一口气提了起来。

有一个女生，她不会歌唱，她唱不出口。她的那些说不出口的变成了她笔下潺潺流动的文字，在别人眼里编织成歌。我想这就够了。

飞鸟与鱼相拥取暖

Z姑娘

2016年的初冬，南方的天阴郁得像个吃不上薯片的小孩，清冷的穿堂风从一扇窗吹到另一扇，鸡尾酒被打翻的香气甜得醉人，角落里带着孩子的乞丐冷得微微发抖。

我生命里蓬勃的情绪在发芽，像一棵安静的水草，海水深处却不停地游动。

爱慕你的我却没话说，想着想着就要到站了

距离高考还有两百多天的时候，班主任搞了一场突击，在自习课冲进教室，从每个同学的座位和课本下拿走小说和手机，有条不紊、干净利落。

情急之下我把手机塞进前桌学霸的包里，躲过了一劫。彭伽就没那么走运了，居然慌不择路地把手机塞进了

我的帽子，不知道触到了哪个按键，山寨手机亮出了嘹亮的歌喉。

班主任铁青着脸像捉小鸡一样把我提起来，拿走彭伽的手机，顺便把我俩赶去门口吹风，"一粒老鼠屎坏一锅汤。"

我和彭佳厚颜无耻地吐槽："几十年代的人了，还说这么土气的话。"然后一语成谶，看着班主任把手机翻来覆去地摆弄，就是关不掉歌声。

班主任恶狠狠地说："今天一下午都不准进班。"

于是我百无聊赖地站在彭伽身边晃悠，"你刚才放的是谁的歌？还挺好听的。哎，说实话，真不想整天待在这里。"

刚才还要死不活的彭伽突然来了兴趣，"好听吧？那是我现场做的录音，我们逃课吧，带你去见见他。"

我俩一拍即合，直奔彭伽每天回家路上都会经过的小街，彭伽轻车熟路带我走进一家还没开始营业的清吧，空荡荡的桌子中间有一方表演台，一个男生自顾自弹着吉他唱歌。

彭伽捣捣我，"我手机里的歌就是他唱的，好听吧？我觉得比原创唱得更好听。"然后打断弹吉他的男生，"怎么老是唱同一首啊，周燃我要切歌。"

"你当我是点歌机呢。"周燃吊儿郎当地甩甩头发，走到我身边，"你想听什么？"

我愣了一下，不好意思挑三拣四，"刚才那首就很好。"于是周燃干净利落地走上台，冲我眨眨眼睛，"那我只好继续唱喽。"不知道是不是错觉，周燃的眼睛里像是刹那间落满了星光。

彭伽不满地嘀咕："你搞什么啊……"啊字被拉得很长，我清晰地看见她的目光里突然凝聚了一丝恐惧，然后一把拽起了我，"我们快走，从后门。"

我转身，顿时觉得五雷轰顶，舒斩和几个男生站在我身后，似笑非笑，"舒晓栀，哥几个没钱了，借我点儿吧。"

我懒得跟他废话，转身拉着彭伽敏捷地跳过一张桌子，没想到我刚跑到门口，周燃突然扔下吉他，三步并作两步，在我们离开之前关上了清吧的大门。

"周燃你干什么？"彭伽急得大叫，"没看到晓栀被欺负吗？"

"以为自己是混黑社会的？"周燃不理睬彭伽，随意地走近舒斩，"可惜这是我的地方，没有女生逃走的道理。"我和彭伽当即愣在了那里。这样的剧情要是换到三流电视剧里没准我会觉得他是个神经病，但是那一瞬间我却有种热泪盈眶的感觉。

好在舒斩他们没带家伙，周燃单枪匹马勉强应付得过来。我紧张得满手是汗的时候，舒斩鼻青脸肿地放下一句话："你等着。"

周燃望了我一眼，突然笑了，很认真地说："好，我等着。"

闹了一场之后谁都没了兴致，走吧快要开门了，彭伽准备送我回家，临走的时候周燃突然开口，"舒晓栀。"周燃极其随意地说："还有你。"

"什么？"我诧异地回头，彭伽意味深长，"真傻。"

你推荐的歌我都听过，听过后和你一样寂寞

到最后我也没弄懂周燃没头没脑的一句话是什么意思，彭伽一脸坏笑，"无所谓，反正来日方长。"

"方什么长，我又不喜欢去清吧。"我皱着眉头戴着耳机嘟囔，彭伽瞬间跳了起来，"你宁愿听录音也不愿意听现场？别怪我没告诉你，他每天下午一直在清吧里驻场到晚上。"

"跟我有什么关系？"我满不在乎地说，心想真的该换个耳机了，漏音已经那么厉害了吗？我真的觉得周燃在哪里跟我没什么关系，只是从清吧回来后，我总是想听他的声音，偷偷从彭伽的手机里拷来了所有的录音。

我查到了周燃昨天反复唱的歌，思绪一纷扰我就心惊肉跳地想起了舒斩，心里隐隐觉得他不会善罢甘休。

果然，晚上六点多钟的时候，彭伽突然敲响了我家屋

门，一把把我拉出了门。

我们赶到的时候，周燃正舞动着前一天弹的吉他和舒斩带去的人厮打。彭伽想都没想，抓起一把清吧里的拖把扔给了我，"能帮一点儿是一点儿。"我点点头，舞狮子一样挥动着拖把冲了上去。

我的作用还是蛮大的，几个男生都被我一阵乱舞打到了一边，惨叫声一片，我有点儿得意地转过身，突然被拽到了一旁，跌进了一个温暖坚实的怀抱里。

"偷袭一个女生不好吧？"周燃大吼，"要不要脸？"

"关你什么事？"舒斩轻蔑的声音亮在我身后，我拿起手机拨通了奶奶家的电话，奶奶的声音从电话里传出的那一瞬间，舒斩犹豫了一下，转身走了。

但那通电话我还是打迟了，舒斩已经带着那群无恶不作的男生砸掉了清吧。我和彭伽默默站在一旁，看周燃被清吧的老板训话，"你知道你惹出这些事让店里损失了多少吗？反正你也没钱，这个月的工资就不给你了，明天不用来了。"

彭伽临阵脱逃了，"晓栀，你好好陪陪他。"

彭伽一走，周燃就哭了，我第一次见到一个男生哭，他拉着我坐在路边，抱着打架时被打得残破不堪的吉他，从压抑到号啕。

这也是我第一次，觉得一个男生哭起来仍旧很好看，身上有光。

　　我不会安慰别人，当然也没人安慰过我，连鹦鹉学舌的机会都没有，我想反正天那么冷，就使劲儿抱了抱周燃。

　　我承认我害怕又迷恋这个温暖的拥抱，最好的事物我没有能力把握住，但夜色让人沉醉，我蹲在他背后，又抱了抱他。周燃带着鼻音问："很舒服？"

　　"很暖和。"我老实地说，"回家吧，这里太冷了。"

　　"可是我想弹吉他。"周燃把我冰凉的手拽过去，放在他的口袋里，我到底还是没有拒绝。

　　"正好，我也不想回家。"我决定冒一次险，带周燃坐上最后一辆公交去了奶奶家。舒斩果然已经回去了，他默不作声地看着我和等在门外的周燃，奶奶帮我把柜顶上的吉他拿下来擦干净，反复叮嘱周燃要快点儿送我回家。

　　我抱着吉他说："奶奶再见。"关上门的那一瞬间听到舒斩说，"我出去一趟。"

　　我和周燃不约而同地说了句"快跑"，然后一起飞快地奔跑在夜色里。

　　我带着周燃翻墙进学校，在顶楼的风里哆嗦，"每天白天我都在和彭伽说要逃课，晚上又神经病一样溜了回来。"

　　我对着楼下大喊："你知道吗？其实我从很小的时候

就喜欢躲在这里，以前我妈是这所学校的老师。"我指着身后那扇门，"我的耐力特别好，就是后来被舒斩追着练出来的，我插上门他就进不来。"

我觉得迎着风哭脸特别疼，揪过了周燃的大衣给我挡风，"可是你知道吗？这个地方就是舒斩带我来的。"

忘不了让我动心的你，抹不去我多情的思绪

周燃重新找到清吧当驻唱的那天，我拉着彭伽去吃大餐，这个败家姑娘点了三盘菜后我死死捂住了菜单，"好多钱了，不准再点了。"彭伽恨不得用眼神拍死我。

周燃狡黠地望着我笑，"没关系，房租上个月交了三个月的，我还能赚钱唱原创歌。"

"你不是一直都不愿意吗？"彭伽惊讶得嘴里的菜差点儿掉出来。

"我不能得过且过了。"

彭伽努力咽下嘴里的菜，开始唱走调的歌，"冷冷的狗粮在脸上胡乱地拍……"

"闭嘴，唱得真难听。"我和周燃异口同声。

"你们……我走了，不跟你们玩儿了。"彭伽狠狠地瞪了我一眼，又被周燃瞪了回去。

我陪周燃去新的清吧唱歌，坐在台下只喝一杯清水，清吧是新开业的，客人却络绎不绝，我想大概与它好听的

名字有关——飞鸟。

我在台下跟着那些尖叫呼唤的男生女生一起起哄，"我要开一间叫与鱼的清吧，让你来唱歌。"

周燃在清吧那些女生的叫喊声和清吧老板的加薪诱惑下唱了一首又一首，每一首都是他单独给我唱过的歌，临走前他在站在逼仄的台子上说："最后一首歌是我的原创歌。"

吧里一片欢呼。

周燃冲我眨眨眼，像一束光芒把我笼罩，"是我临时编曲作词的歌。"

台下的叫声更响亮了。我从来没看过任何人的演唱会，但我想如果把场面放大，效果一定不会相差太远。周燃说："这首歌我只送给一个人。"

一个特别漂亮的齐刘海女生突然冲了上去，举着巴掌让周燃在她的手背上签名，周燃愣了一下，往台下扫视寻找着我的身影。我莫名想躲开他的目光，假装趴在桌子上玩手机，屏幕没亮，倒映着周燃和那个女生闪亮的身影。

那一瞬间我竟然觉得他们很般配，如果彭伽在一定会吐槽我看多了小说，可是那一瞬间我就是幻想出了未来的种种，眼前甚至出现了周燃拿着新出的专辑意气风发的模样。

我在手机屏幕的倒映里看到周燃犹豫再三还是拉过了那个女生的手，在上面轻轻写字，女生痒得大笑，美目盼分，全场的气氛欢闹到了最高点。

周燃看出了我的不对劲儿，跑下台被老板留住，往他手里塞了很厚一笔提成，这就是我喜欢的男生，光芒万丈有退路，一天就能赚回大半月的生活费。

我转身跑走了，周燃连一句谢谢老板都没来得及说就跟了出来，在人海中遗失了我。

我更难过了，跑去了学校的顶楼，心想如果他想找我，会把我们走过的地方都找一遍，不得不承认，感情里多半还要靠运气，你找的人总是和你擦肩而过，到了最后连你自己都会怀疑这份情谊。

我站在倒数第三级楼梯上突然笑起来，周燃举着一支洒满了金粉的蓝色妖姬站在那里，我跑过去，美好得像电影里的慢镜头。

"舒斩的事，还不能告诉我吗？"我愣了一下，摇了摇头。

周燃清晰地叹了口气，"那我跟你说说我的事吧，两个人之间，总得有一个人透彻地了解另一个人。"

周燃的故事比我要简单得多。

十六岁迷上了吉他和民谣，在学校里驻场赚钱，再背着经商的父母跑出去看了无数场演唱会音乐节，期末考试之后班主任给他父母打了电话，平日里对他疏于管理的父母整个暑假把他锁在家里。

周燃带着吉他摔门走了，再也没和父母联系过，然后去学校办理了休学，但他知道他父母一直在他附近，只是每个人都不知道该怎么面对彼此。

"我挺对不起他们的，那把吉他是我妈给我的新年礼物，那天砸碎了，工资被扣完，觉得一点儿底气都没了，那天真冷，还好有你在。你今天……是不是觉得……"周燃努力想找到一个形容词，但我能理解他的意思，我很认真地点了点头，然后举着他给我的花让他送我回家，距离感这个话题，永远不会有结果，不提为妙。

我把花瓣每片摘下来夹进厚厚的书页里，虽然没有完整的好看，但终究不会枯萎，证明这场梦曾经真实地拥有过。

我无法拉近你我的距离，这距离就像飞鸟和鱼

圣诞节那天周燃请了假，我躲在他的大衣里坐在海边吹风，海水已经结起了薄薄的一层亮晶晶的冰。

周燃声音低低的给我唱歌，我觉得我快要陷进他声音无尽的温柔海洋里。

我问他："你知道我为什么喜欢这首歌吗？之前你问过我舒斩的事情。"

"我说过你想说的时候就告诉我。"

"喂，做好听故事的准备吧。"

舒斩是我的亲哥哥，不是同父异母那种狗血的关系。

你知道吗？从小到大都没什么人爱过我，就像《七月与安生》里的安生。彭伽是第二个爱我的人，第一个其实是舒斩。小时候别人都羡慕我有那样的哥哥，但是后来我爸妈离婚了。

你能理解吧，我爸是个艺术家，我妈经常出差，所以我都要高考了这段时间还能整夜晚归，我妈前几天又出差了。

我爸妈闹离婚的时候闹得特别凶，那时候我爸妈都特别疼我，舒斩藏起来他们的结婚证让我去劝他们，我拒绝了。我说结婚离婚是他们是事情，破镜重圆还会有很大的间隙。很多事情我都比舒斩看得清，所以爸妈离婚那天每个人都抱了我，亲了我，然后把舒斩按在板凳上狠狠地打，直到他交出了结婚证。

然后爸爸远走高飞，我跟妈妈住，舒斩留在奶奶家。舒斩恨死我了，他说爸妈那么爱我，如果我肯做点儿什么让他们留下来，他们就一定不会分开。所以他经常带一些不三不四的人堵我。说到这里我突然哭了，"我给奶奶打电话他就收手，我知道他不是变坏了，他就是恨我。他以前对我真的很好，现在肯定觉得我是个白眼狼。你经常唱的那首《80年代的歌》是我爸妈年轻时候最喜欢的，那时候我爸就拿着吉他给我妈唱歌，跟我们特别像……"

"我们才不会分……"周燃急乎乎地打断我的话，然后手机铃声又打断了他的话。他有点儿抱歉地说："陪我去清吧吧，老板说今天工资给我翻三倍。"

"说好今天的时间全都给我，晚上我妈就回来了。"我突然觉得特别委屈，"你赚那么多钱干什么？"

"我想攒很多钱，够我唱歌，够给你很好的生活。我现在的动力全部来自于你。"

"那你先去吧，我有点儿累。"我不想理他。

"我先走了？你注意安全。"周燃把厚实的大衣披在我身上，哆嗦着离开。我突然有一种预感，我们中间的裂痕再也弥补不上了。

总有人一边想要努力给爱的人全世界，一边为了那个所谓的全世界，连陪伴都施舍不起。但是周燃的大衣很温暖，我还是忍不住想去找他。

我的梦里还有很多歌，我的路上还有很多河

我在路上遇到了舒斩，我硬着头皮说："今天圣诞节，我们井水不犯河水。"

舒斩愣了一下，"我妈回来了，你不回去她要发疯了。"他已经很久没这样心平气和地跟我说话了，"我陪你去清吧，然后我们回家吧。其实那天砸了那家清吧我就后悔了，想道歉没想到你们跑得比公交车还快。"我突然语塞了。

我走进清吧的时候，周燃在给现场每一个女生亲手戴

圣诞帽，并且送给她们一朵玫瑰花，粉色的，特别俗气，可是怎么看都那么温暖，那群女生还在叫："你原创的歌真好听。"

周燃转头看到我，吓了一跳，"我以为你不会来了。"

他提着圣诞帽的手垂在半空中，我看着都为他累。我说："那我回去了。"其实到最后我都没听过那首原创的歌，我记忆深处，是周燃在反复地唱那首《80年代的歌》。

周燃拽住我，"你生气了？"

"我不希望你那么好，那么万众瞩目。我觉得我喜欢你胜过自己，可是自私的这一刻又让我看清自己，变得无比讨厌自己。"我终于忍不住一字一顿地说。

清吧里一大堆女生跑过来，吵得我脑袋疼，周燃皱着眉头，"你要我怎么办？"

我们的压力都太大了，那天我们第一次莫名其妙地吵了起来，不欢而散。转日我就被我妈关在了一所封闭式的学校冲刺高考，和外界一刀两断。

周燃不知道从哪儿打听到了我的消息，常常来找我，从每天一次到每周一次，我每次都躲开，我不知道他能坚持多久，彭伽翻墙恨铁不成钢地跑来给我送零食，"你到底要拧巴到什么时候？"

我问她："还记得以前你和一个学霸刚在一起就开始

计划分开会怎样吗？"

彭伽不甘心，"真的没可能了？"

"半年以后如果我能亲耳听到他原创的歌。"我还是想给自己的前方留一盏灯。

我不知道那天彭伽对周燃说了什么，晚上去操场跑步的时候，看到周燃的身影就躲在一边，然后望着他坐在墙头弹吉他又被校务赶走的背影发呆，不知不觉轻轻哼起了他常唱的歌，"我无法拉近你我的距离，这距离就像飞鸟和鱼……"

周燃，你不知道，我期许一份陪伴，最简单的那种，我们同等对立，势均力敌，我们只能相拥取暖，在无人的夜色里，在橘红色灯光点亮整座城市的时刻，可是你终将有新的彼岸。

周燃，其实我还有好多话想和你说，如果日后我成为你歌词里的一句。

守望未来的光芒

黑夜降临之前，灯火已将城市照耀

冯 瑜

1

"周老师"在学生们眼里不仅是一个人，一家小店，还是一个地名。

学校后门有一个小区，说是小区，其实不过是用一堵墙围起来的小院，一棵老树一栋楼，一张木桌几把椅子，便是它的全部。周老师的书店在小楼的二层。

第一次被阿泽学长带到这里来的时候，我就注意到这家书店与别处不同。

被书架分割成教辅、小说、传记、历史、经济等等区域的屋子拥挤又充实，或许是楼层低的缘故，楼下的声响会传进读者的耳里。白昼时分，风声之中夹着老人和妇女的话语之音，晚饭过去，就寝之前，孩子们的嬉笑之声成了主旋律。

但客人们鲜少在意这些嘈杂之音，因为天花板上由油烟渲染而成的花纹、卫生间里生锈的废弃热水器，以及书店狭窄的门槛，都显示着书店作为住房的前身，你瞧，它本来就是一个家，试问陈旧的居民楼里，谁家没被邻居们的动静打扰过？

看见有人来寻找书店，楼下闲谈的人便停下来告知，偶尔还会冲楼上喊："周老师，你们家来客人了！"此时，周老师条件反射地往门口瞧，然后对来人道一声："来了？进来看看吧！"仿佛早已等待这一刻，哪怕那人从未踏足。他从不说"欢迎光临"，也不站起来迎接，因为这里不仅是书店，还是一个家。

2

没有地方去的时候，我就去周老师那里。

一来是我实在闲得发慌，二来是他店里卖的正版书籍非常便宜，买多了，周老师会给我优惠或赠送压箱底的旧书，每次店里正好有我想要的书籍，他眉宇之间总会多一份喜悦，有时看着他唾沫横飞地给我推荐新书，我心一软，便掏了钱。一来二去，我成了书店的熟客。

这样的"厚待"自然不是我的专属，凡是常去买书的客人他都会笑脸相迎。我不太喜欢这样的人，但也谈不上厌恶。

阿泽对此不置可否，"周老师想要赚钱，我们只求用最少的钱买更多的书，大家各取所需，仅此而已。"

言毕，轮到我不置可否了。

事实上那时的我对周围一切事物一般都不置可否。

中学的时候一旦疲惫，我便默默写下这所学校的名字，用指尖轻抚纸页上的笔画，再继续埋头题海之中，可当我如愿进了这里的管理学院，生活却变成了空白的笔记本，时间过去一天，页面就少一张，而我能在上面撰写的内容千篇一律：上课去教室，下课回宿舍，偶尔去图书馆或自习室，可是，老教授的陈词滥调让人昏昏欲睡，自习室只在考试前夕座无虚席，面无表情的图书管理员最爱迟到早退，所有的细节如残缺的拼图块，无论如何也拼凑不出青春洋溢的版图。

我不想待在这样的校园里，于是我去书店。

不知道从哪本书看到的：爱看书的人运气都不会差到哪里去。

这不，书店来多了以后，我经常碰见阿泽学长，他有时候一个人来，有时候跟朋友来，有时候约我来。后来我们开始在书店以外的地方见面，食堂咖啡馆电影院我们都去过，去得最多的是学校的跑道。我们一圈圈地散步，直至太阳西沉，城市被灯火照亮。在此期间我告诉他我喜欢看书写作，他讲述他钟爱的篮球和电影，我们分享彼此对未来的憧憬。

在熟络的过程中，我注意到他与整天不是在宿舍打游戏就是泡妞的男生不同，他会把日暮时分的美景放进胶片，在纸质书上用心做笔记，组织三五好友去周边城市度假。朋友圈里记载着不矫情不鸡汤的生活感悟。

我喜欢这样阳光积极的男生，而他又恰巧钟情文静认真的我。一切犹如乐曲里恰到好处的音符，自然而然，顺理成章。就连他向我表白时，我也只是主动牵住他的手，不言也不语，但我知道他懂得。

3

阿泽和周老师很早就认识了，我和阿泽的事他当然晓得。

不知道是不是谈恋爱的缘故，我变得开朗了一些，买书之余会跟周老师聊上几句，他会问我学习忙不忙，我八卦他打算购进一些什么书，这些不疼不痒的问题成了买书人与卖书人之间微妙的感应，但我们依旧陌生。

和《岛上书店》里的书店一样，这里也有两层。出了书店的门往三楼走，左边那间屋子就是周老师的家，与二楼相同，那里也有很多书：它们一部分是周老师自己的，一部分是书店的库存。

三楼是阿泽带我上去的，周老师拜托他给楼上的电脑重装系统。

无聊之际，我开始打量屋子。家是一个装满秘密的地方，你在里面可以窥视到一个人的好恶和困难：师母喜欢上一个爱书的男人，并且和他生育了三个孩子，他们一家五口住在书堆里，依靠卖书的收入过日子，在我看来，这间屋子的每一个角度都是这本生活之书的段落。

但我对周老师还是没有好感。

长久以来，书店与书之于我都带着几分神圣的色彩，它与知识有关，不和钞票相连。我觉得周老师就是一个做生意的小老板，一声"老师"是尊称，亦是调侃。在生活的重压之下，书店就是黄金屋，书籍是暂时被摆放在货架上的金子，默默地等待着别人用钞票把它们换走。我不喜欢这样的书店，但阿泽似乎对这里情有独钟。问及原因，他只说这里的书又多又便宜，可是女孩子的第六感告诉我，事实并非如此。

有一次阿泽没空，我单独去了书店。师母煞有介事地问我是不是跟他吵架了。

"没有啊！"

"你们还在谈恋爱吗？"

"……嗯。"

得到我的回复以后，师母欲言又止的神色让我很不安，但相比追问真相，我宁愿沉默不语。假装并不知晓任何事，但再次和阿泽在跑道上散步时，彼此都显得心不在焉。有一回无意中望向天穹，发现白昼终究过去，黑夜已经降临，忽然心一沉，有点儿想哭。

几天以后，我亲眼看见他们牵着手从我身边走过。我认得那个女生，她是设计系的同学，也是书店的常客之一，平日里喜欢购买艺术类的图书。

阿泽向我道歉，他发现我们不合适，他选择了别人，但他不知道如何开口说分手，于是这两个字由我说了出来。

原来，恰到好处的不是音符，而是沉闷生活的休止符，如今乐声再次响起，与阿泽一块儿谱曲的人却不再是我了。

4

和阿泽分手以后我又回到"上课去教室，下课回宿舍"的生活，很少去书店了。

那天要不是陪室友去买英语四级学习资料，我恐怕是不会去那里了吧。

去的时间似乎有些不巧，因为周老师正在接受几个记者部同学的采访，在采访的过程中，我听到一个女生问他为什么会开一家这样的书店。周老师说："那是我少年时的梦想，我并不是一开始就开书店的，我做过工人，当过文员，还卖过麻辣烫呢！"说到后一句时，就连在一旁挑书的室友都乐了。

小记者接着问他："开了书店以后感觉如何？"

"发现一切都没有我想得那么好——这里卖得最快最好的除了英语四六级资料，就是研究生和公务员考试的复习题，再者就是各类证书的备考材料了，像她（他指着我说）这样的熟客会把文史哲一类'不接地气'的书带回去，但喜欢这些书的人总在少数，很多人把想要的考试资料买走以后就再也不来了，其中一些人我连他们的脸也没看清楚呢！"

他的回答让围绕在他身边的记者们注意到一旁的我，其中一个男生走过来对我进行了简单的采访，询问"为什么会来这里"一类的问题，我以"周老师人好"作为开头讲了一通。没想到报道出来以后，周老师托人要了我的联系方式，说要谢谢我给他做宣传，原来，我赞扬他的话被刊登在校报上了。

作为谢礼，周老师让我在店里随便挑选一本书拿走。可是，要求一个爱书又患有选择困难症的人挑选一本喜欢的书，太难了。

正当我为徘徊了一小时也没选到书而郁闷时，阿泽带着他的女朋友来了。目光相触的那一刻，我匆匆地跟周老师道别，没有选书就走掉了。

下一回再到店里时，我拿了一本博尔赫斯的《小径分岔的花园》。正要离开之际，周老师叫住了我，他记得有客人跟他说过，语文书里选了同名的故事当课文。

"是的，我也学过这篇文章——当谜底是'棋'，谜面就不会出现'棋'这个字了——我喜欢这个桥段。"

"我也喜欢。"他接着问我，"如果我的书店是属于你的一个谜语，那么你的谜底是阿泽吗？那小子对不住你，我已经狠狠地批评过他了！"

不是的，我的谜底是讨厌这所学校和现在的生活，我不愿意待在校园里，所以我来到书店；我不愿意想起阿泽，所以我不来书店了。我一直在逃离。

分手以后我才想明白，阿泽和学校之于我都是"看起来很美好"的存在。和阿泽一起之后，我注意到他的缺点跟这所学校的不足一样多，他把朋友介绍来这里，因为周老师会给他回扣，他还能"赚"来一个朋友，那个没有鸡汤的微信动态让人觉得他不平庸不落俗，他喜欢过我，但他更喜欢让他显得很有品位的艺术生。他想成为一个羡煞旁人的星星，可我不是他想要的光芒。

"小声告诉你，我也有自己的谜语——我的谜面是这家书店，我的谜底是我的家庭。它们是分开的，因为里面夹着一段往事。"

原来，周老师年少时候最大的梦想就是开一家书店，摆放自己喜欢的书，哪怕卖不出去也没关系，事实上在他的第一个孩子出生之前他都是这样做的，他很喜欢这样的生活，尽管那阵子一个月里总要吃上好几顿榨菜拌白饭。

大女儿的出生给这一家子带来喜悦之余，也加重了经济负担，自那以后，周老师开始购入应试素材，他对注明"题库""真题"字样的书又爱又恨，它们违背了他的初心，却让他的生活变好。同时，开书店的喜悦和日历本上被撕掉的纸张一块儿渐渐没了影，没有客人的午后让他昏昏欲睡，他发现生活愈发乏味。

"后来呢？"我不禁问道。

"后来生活未完待续呀！"他说，"开始的时候我以为'实现梦想'就能抵达天堂，结果梦想落到了生活里，它就跟生活融为一体了。时光会磨掉最初的激情，让生活变得平淡无奇，但那也没有什么不好的，我的书店养活了我们一家子。虽然与本心有出入，但不丢人。"

在这里念大学是我的梦想，我在这里看见了它的不堪，认识了一个美好却让我伤心的人，可最初之际，他们都给予了我对未来和生活的热情与希冀。

"我懂了，谢谢你。愿你的生活璀璨如星光！"

"要谢我？那就多买几本书吧！"周老师还是改不了书贩子的本性。

5

离开书店的时候，落日的余晖把城市染成了温和的橙色，我快步走向跑道，远远地看见在边上等女朋友的阿泽。那是我们以前经常见面的地方，我知道他会在这里。

"真巧啊！没想到会遇见你。"

他一愣，礼貌地笑了笑："真巧。"

"是啊。"我回以灿烂的笑容，"先走了，再见！"

转身的那一刻，我告别了阿泽，也告别了曾经的自己和生活。

既然昔日没有被梦想耀眼的光芒刺疼，如今住在梦想里，细细端详它的瑕疵又何妨？这是周老师教会我的，时光会磨掉最初的激情，但在看似无聊乏味的日子里继续前行，才不辜负曾经的努力。如果昔日照亮夜空的星光已暗淡，那就重新把生活的热情用灯火点燃，让已拥有的幸福成为下一段旅程的开端。

你瞧，太阳西沉，华灯初上，黑夜降临之前，万家灯火将城市照耀，没有被星光点缀的夜空，世界仍明亮如昼。

守望未来的光芒

今我来思，雨雪霏霏

林舒蓝

长颈鹿的脖子那么长，哽咽的时候是不是很难受

斐斯佳依旧清晰地记得，第一次和姜行云说话时的景象。

彼时的他正抱着一只博美，像骄傲的小白杨那样挺拔，却从头到尾板着一张脸。斐斯佳觉得那个模样好熟悉，却怎么都想不起在哪里见过，直到回到家，才想到了有着那个相似的表情的人，叫爸爸。

那是三个月前的周五发生的事，班主任讲课讲得津津有味的时候，斐斯佳握着的手机突然震动起来，斐斯佳吓得差点儿把头钻进桌洞里，她一边挂掉电话，一边心灰意冷地看着有着四十多年教龄的被返聘回学校的班主任，冲

她缓缓伸出了手。

在交出手机的那一瞬间，斐斯佳就未卜先知，这节语文课注定上不好了。果然，闺密的电话像洪湖水似的，一浪接一浪，班主任终于忍无可忍，把手机砸到斐斯佳身上，"出去接电话，接完了再还回来。"

斐斯佳刚把电话拨回去，就听见了闺密的哭声，"斯佳，快来救命。"

斐斯佳吓了一跳，马不停蹄地赶到医院时，一眼就看到满身是血的闺密正对她翘首以盼。

"你有没有什么事？"闺密看着斐斯佳披头散发的紧张样，脸上还挂着泪滴就开始哈哈大笑，领着她走进了医院旁边的宠物医院，对着收银台的人说："7号小猫急诊加手术的钱，她来付。"

斐斯佳看着那个庞大的数字对着自己钱包里寥寥无几的几片纸币发呆，余光扫到一个陌生又熟悉的身影，于是和闺密默契地一同扑上去打招呼，"哎，你不就是那个谁……那个谁谁谁。"

悲剧的是她们最终也没想起同班了两年的同学名字，斐斯佳讪笑着看着同学冷冷地转过身，酷酷地交完了剩下的所有费用，一言不发离开了宠物医院。

医生推着一个小车走了出来，"7号的手术很成功，现在带回家静养，千万别再碰裂伤口。"闺密把一只白白软软的小猫塞进斐斯佳的怀里，"佳佳，你知道我妈猫毛过敏……"

斐斯佳这才知道，空气是闺密过马路时从自行车下救出的小猫，可能是麻醉剂的劲儿还没过去，空气安静地躺在斐斯佳的臂弯里，像团奶声奶气的睡梦中的小婴儿。

斐斯佳心甘情愿冒着连同空气一起被丢出家门的危险抱着空气回了家，她第一次赶在天还没黑之前走到了小区门口，正巧看到刚才碰到的男生弯着腰，带着那只漂亮的博美慢慢走在路边，一点点活动着它的腿，模样温柔得一塌糊涂。

可是抬头看到斐斯佳，男生的表情突然就变了，他莫名其妙地瞪了斐斯佳一眼，斐斯佳讪讪地往自己家的单元走，男生在后面不满地叫："斐斯佳，记清楚了，我叫姜行云，小船儿行云流水的意思。"

斐斯佳突然玩心大起，她歪着脑袋坏笑，"我凭什么要记住你的名字？"

"因为我记得你，礼尚往来是传统美德。"

斐斯佳讨厌死板没生气的东西，比如只会修电脑的爸爸，和说话像小和尚念经的姜行云。

不过看到姜行云爱猫狗心切，斐斯佳灵机一动，可怜巴巴说："我要是作业没写完就会被老师留堂，回来得晚空气就要跟我一起饿肚子，就算我路上买了猫粮，我妈也不会允许我那么晚带它去溜达，你忍心看到空气孤独至死吗？"

姜行云用看智障的眼神嫌弃地看着她。

斐斯佳抱着空气锲而不舍，"要不你把它带回去养吧？"空气仿佛听懂了她的话，伤心地喵了许多声，姜行云瞪着她，"我最近有点儿忙。"然后一把将作业塞到了斐斯佳手里。

斐斯佳欢呼，拨弄着空气竖起来的小耳朵。心想姜行云的情商可真低，她那么疼爱空气，怎么忍心把它丢给冷冰冰的他，即便是企鹅，住惯了空调房也不会再想回到冷冻室里吧。

我没有长长的脖子，却哽咽得说不出话

不管怎样，斐斯佳想，对于姜行云，一定是君子报仇十年不晚。

任凭她和闺密在班主任那里毫无出入地将昨天救空气的事情描述得感人肺腑，班主任都用同一个眼神望着她们，斐斯佳闭着眼都能翻译过来，"你们就编吧。"

于是斐斯佳做错了一件事，"老师，我真的没编，不信您问姜行云。"

这家伙立即接口，"老师对不起，我的补课老师临时把课改成了昨天晚上，我走得太急，没来得及请假。"

班主任满意地点点头，"没关系，你回去补张假条就行了。"尔后话锋一转，"我有说你们两个是在编吗？此地无银三百两，到教室后面站着去。"

斐斯佳一瞬间有了将桌子上那杯水泼到老师脸上的冲动，但看到姜行云小人得志地回眸一瞥，她决定把那杯水留给他。

斐斯佳和闺密花了整整一节课的时间声讨姜行云，下课铃打响的那一秒，斐斯佳终于忍不住冲过去质问他。

姜行云偏偏头，"我也救了空气，可是我也没告诉老师。"

斐斯佳气结，"你谎话连篇班主任凭什么相信？"

"你也可以。"

斐斯佳握紧了身边的一个水杯，姜行云却突然拉住了她的手，斐斯佳错愕地抬起头，看到邻班的小班花捧着一个现烤小蛋糕站在旁边。姜行云温柔地撩开目瞪口呆的斐斯佳额头前面的碎发，小班花的脸红了又白，转身跑走了。

姜行云松了口气，"终于摆脱了。"

转过头看到眼中喷火的斐斯佳时吓了一跳，"你很介意吗，那天在洗手池，我明明看到有男生帮你把头发别到了耳后。不过话说回来，你披肩发的样子太乱了，不好看。"

你有没有过那种经历，哪怕心里气得要命，却无力反驳对面站着的人，被他利用被他欺负，却根本无力反抗，只能把这份恨埋在心里，给自己添堵。斐斯佳终于忍不住，哇的一声哭了。

姜行云手足无措地道歉，斐斯佳委屈得连话都说不出了，于是姜行云跑到了办公室，在班主任异样的目光下把事情一五一十地说了一遍。

那天下午班主任就找到斐斯佳，"以后离姜行云远一点儿，他是要考重点学校的，不像你们，"班主任叹了口气，"朽木不可雕也。"斐斯佳的心凉了，沉进了湖底。

斐斯佳不理姜行云了，晚上姜行云却站在楼下往斐斯佳的窗户上扔小石头，扔得斐斯佳烦不胜烦，她打开窗户探出脑袋，姜行云站在楼下望眼欲穿，"你怎么不找我要作业了？"

那一刻斐斯佳欣喜地发现自己是个特别好的女生，从来不会因为一件事牵扯到另一件事上，今晚月色很美，站在楼下的姜行云气宇轩昂，眼睛里像是倒映了星星，闪闪发亮，那一秒斐斯佳甚至觉得，姜行云没有那么讨厌了。

可是没几天，斐斯佳决定收回自己弱智的想法。

她心血来潮扎了马尾辫，姜行云阴魂不散，"你还是披肩发比较好看。"那杯始终没泼出去的水终于有了归宿，"我觉得你头发湿一点儿比较好看。"

姜行云刚换了单衬衫，湿漉漉地在风中瑟瑟发抖，斐斯佳又有点儿内疚，把自己的校服外套扔给了姜行云，姜行云居然笑了，"明天是周末，去我家玩吧。"

"为什么？"斐斯佳一头雾水。

"晚上请你吃烤串。"

"就这么愉快地决定了。"斐斯佳的嘴一向比脑袋出牌快一点儿。

乌鸦可以学人说话，尴尬的时候会不会装咳嗽

斐斯佳觉得，姜行云就是比不正常的人，还要那么不正常一点儿。

在那次为了一顿烤串去姜行云家帮他排了一整天的水后，斐斯佳说什么也不愿意去了。姜行云穷追不舍地道歉，"那天真的是场意外。"

斐斯佳不理不睬，连同姜行云眼底的失落一并忽略，谁能想到一向稳重的他，紧张到去接斐斯佳之前，反复地去洗手间，以至于忘了关水龙头。喜欢真是件讨厌的事情，她四点来，你三点就要开始紧张地等待，她一笑便如沐春风，你一秒就乱了心绪。

斐斯佳这种不为几斗米折腰的英雄气概很快就烟消云散了，因为姜行云说："你来玩，我帮你写作业。"

斐斯佳震惊地摸摸姜行云的额头，"没发烧啊。"被姜行云一句"发烧的应该是那个数学又考三十分的人吧"惹得她恼羞成怒。

可是斐斯佳还是开心地又去了，于是又发生了意外，她被迫和姜行云一起刷了简陋的厨房，通风了一整天，因为姜行云烤一块小小的紫薯蛋糕，而斐斯佳却仿佛看到了灾祸现场。

累了大半天，姜行云和斐斯佳并肩坐在古城墙的墙边

上大眼瞪小眼，斐斯佳一直用没救了的眼神望着姜行云，看到他失落的模样，又于心不忍地说："其实我很喜欢你家的。"

这倒是实话，虽然从小斐斯佳就住在新城区，虽然新城区和老城区只隔了一个曲折的巷子，但她从没走进过那里，没见过妈妈常说的他们那个年代的场景，没去过老城区旁在小城小有名气的老城墙。

斐斯佳现在才发现，她喜欢老城区矮旧的房子，墙壁斑驳长满青苔，像安静的水墨画，没有车辆的鸣笛，落日余晖里的古城墙，满是沧海桑田却温暖的味道。

姜行云掏了掏口袋，突然双手献上了自己家门的钥匙，把斐斯佳吓了一跳。

"你想干什么？"

"帮我保管一下，要是哪天你和空气被你妈赶出来了，可以直接过来。我妈住院了，我爸在医院照顾她，放心吧，家里没人。"斐斯佳是跟姜行云抱怨了很多遍最近妈妈越来越讨厌空气了，总是嫌它掉毛太多，可是这种话从姜行云口中冒出来，怎么就那么别扭。

斐斯佳一把把姜行云推掉下城墙，给闺密发消息，"你说他怎么就突然给了我一把他家的钥匙？我觉得是新的，配了很久放在那里的。"

"佳佳，你要'从良'了？"

斐斯佳一激动，手一挥把正往上爬的姜行云打了下去。

我假装咳嗽，假装被沙子迷了眼，你也没有看我一眼

起先斐斯佳是真的不理解姜行云非要把自己家的钥匙塞给她是什么意思，难道就不怕她行窃？虽然他那个空空如也的屋子真的没什么可拿的。

可是很快的，姜行云对她说："今天英语老师让我抽查全班同学背书，我算你过，你中午去帮我把我桌子上的盒子拿来。我要去打工。"

斐斯佳深呼吸，忽略掉姜行云的话，仅仅是帮朋友做件事而已，可是当斐斯佳把盒子完好无损地递给姜行云的时候，姜行云的脸瞬间黑了。

"我没碰坏吧。"斐斯佳莫名其妙，最近的姜行云有点儿奇怪，"你知道那么沉的盒子，我搬回来多累吗？"

"那……谢谢啊。"姜行云闷闷地说，斐斯佳突然叫了起来，"你什么时候也开始在学校偷听歌了？"

斐斯佳毫不见外地拽过耳塞，听到《恋人未满》，"我们以后会变怎样，我迫不及待想知道答案。"斐斯佳偷偷望了一眼姜行云，目光和他直直地撞上，斐斯佳的心里小鹿乱撞，姜行云，你怎么还不跟我说那些话啊。

那时候的斐斯佳，将全部的运气赌在了姜行云的身上，她不相信从来不和班里任何一个同学说话的姜行云，会没理由把家里的钥匙给她。

姜行云毫无察觉地说："晚自习前的大课间我请你吃水果冰吧。"

那一秒斐斯佳想，如果姜行云把易拉罐上的扣递给她当戒指，她也会毫不犹豫地说她愿意。

可是姜行云只买了一碗水果冰，看着她尴尬地吃。店门突然被推开了，几个同学走进来，看着他们意味深长地笑了，一个好事的女生跑过来，"佳佳，姜行云说你们在一起了？什么时候发喜糖啊？"

"什么？"斐斯佳猛地抬起头。

她望向姜行云，看到他不置可否的表情，心里的欢喜消失得无影无踪，她假装大大咧咧地拍拍那个女生的肩，"这种开玩笑的事怎么能当真呢。"

那群人哄闹着离开，气氛突然尴尬起来，斐斯佳忍不住打破，"姜行云，前两天中午你不在，当时班长给我们放了一部电影，里面的男生和女生因为没人主动，最后错过了。"

"喔，这个剧情真俗气。"姜行云自然地接道，"我要是喜欢一个女生，会给她我家的钥匙，全部生活都向她打开。"

听你说话听多了会得心脏病吧，上一秒在谷底，下一秒心就飞到了湛蓝的天空，斐斯佳缓了几秒，欢欣雀跃还未跳出来，姜行云又补充道："我刚才原创的台词，是不是特别符合你喜欢的那部全是套路的电影？"

"嗯?"斐斯佳愣了一下,心跳突然慢了一拍,脸腾地红了,姜行云呆了,"你刚才该不会当真了吧?"

斐斯佳把手里的勺子狠狠砸在桌子上,水晶勺柄碎了,仿佛亮晶晶的眼泪,斐斯佳转身跑走了。

凉风习习的春末,斐斯佳和闺密逃掉晚自习坐在学校的操场上,望着远处教学楼的灯光失神,闺密安慰她,"吃一堑长一智,谁青春的时候没喜欢过几个人渣,就知道我们跟学霸玩心眼儿一定玩不过。"

"可是这样的玩笑也太没分寸了吧。"闺密叹了口气,"佳佳,你不是有他家的钥匙吗,我们去恶作剧报复他吧。"

斐斯佳点点头,钱包在教室里,口袋里只剩下几枚硬币和那把她曾经心爱得形影不离的钥匙。

小强有两个大脑,孤单的时候会不会一起想着谁

打开姜行云家门的那一瞬间,斐斯佳的顽劣被彻底爆了出来,她和闺密翻箱倒柜找着恶作剧的契机。闺密把姜行云家的窗户用番茄酱喷出吓人的字时,斐斯佳翻到抽屉里,姜行云一摞衣服下面,那叠薄薄的一千块钱。

"吓唬他这种事太小儿科了,我们玩点儿狠的,把他的钱藏起来吧。"于是她们又开始擦玻璃上的番茄酱,擦着擦着斐斯佳就想起她帮姜行云整理"灾祸现场"时唇枪舌剑的时光,忍不住鼻子发酸。

两个往日里形影不离的人分手最可怕，知己知彼，百战不殆，可是这样的话现在想起来，心里生涩地疼。

　　斐斯佳和闺密玩真的了，斐斯佳问闺密："超过多少钱就犯法了来着？我们把钱藏到哪儿？"

　　闺密想了想，指着窗台上花朵枯萎的花盆，"刚才我看到那里面的土都干了，把钱塞在那里。"

　　她们布置好一切，逆着人流回学校拿书包，斐斯佳突然被人拽住，一抬头就看到姜行云，她挣开他的手，躲避开他的目光。回家的路上斐斯佳越想越害怕，姜行云的妈妈还在医院，说不定那是救命钱，她立刻给闺密打电话，"明天中午我们把钱归到原位吧。"

　　可惜还是迟了一步，转日斐斯佳紧张地等在教室里，却寻不见姜行云的身影，一直到第三节课，姜行云才沮丧地低着头走进教室，一整节课微红着眼睛心神不宁。

　　下课铃打响的时候，姜行云站在窗口失神，斐斯佳过去找他，姜行云说："今天是我妈办理出院的日子，账要结清，我攒了一千块钱想替他们分担。"姜行云突然哭了，"钱丢了。"

　　斐斯佳的心里一紧，等了半天也没听到姜行云对她的任何质疑，斐斯佳想，是他绝对相信自己，还是在等她说呢？可是无论如何，斐斯佳都不想再让姜行云难过下去了，她站在姜行云的面前，像一个结巴的傻瓜，轻轻把事情说完。

　　斐斯佳想，大概她这辈子都忘不掉姜行云最后看她的那个眼神了，失望夹杂着震惊，还有厌恶和愤恨与不敢相信，原来他自始至终都没有怀疑过她，哪怕笨蛋遇到这种事情，第一个想到的也应该是她。

上课铃打响的那一秒，姜行云飞奔出教室。

斐斯佳想去他家道歉，等在巷子口，正巧看到姜行云扶着阿姨慢慢往家走，路过她身边时，如同路过了空气。

无时无刻的清澈想念，一定比两个大脑一起想你还多吧

姜行云疏离的样子把斐斯佳赶走了很远，斐斯佳不甘心地坐在姜行云的座位上，翻出了那天帮他带的盒子，轻轻一碰，盖子就掉了，里面放着斐斯佳最想要的书，上面用干净的素描纸画着她的侧颜，角落里写了一句情诗。

下面画着笑脸，"就知道你要偷窥你自己的礼物。"

可是那天她好奇了许久，怕他发现又会说出什么惊天地泣鬼神的话，最终没有打开它。如果打开了，结局是不是会不一样。

闺密担忧得整日陪在斐斯佳身边，像这么久来，姜行云围绕在斐斯佳左右。如果他们能直白一点儿，那个过火的玩笑是不是就不会发生。斐斯佳站在教室里，眼神怎么都离不开那个熟悉的少年。

昔我往矣，杨柳依依。今我来思，雨雪霏霏。我心伤悲，莫知我哀。

在你梦里，放一场我的烟火

黄晓晴

很多很多的回忆在脑海中穿越，恍若一个很长很长的梦，让人醒不过来。一种怀旧的淡淡的感伤，就像绚烂的烟花过后，空中弥漫的烟火的味道。

你嘴角向下的时候很美

舒辰是那种吃再多都不会胖的女生，但心情不好的时候也不会大吃大喝，反而喜欢换发型。她曾在一个月内换了沙宣头、波波头和公主头等好几种发型，还把斜刘海换成齐刘海，再到中分、四六分、三七分……

第一次去"回归"美发店时，她略带羞涩地推门而入，一个长得像草摩由希的男孩儿笑盈盈地说了句"欢迎光临"。舒辰看他的发型左边齐耳，右边有优美的弧线，瞬间心动，指着他泛黄的头发，"我要这种发型。"

男孩儿微微一笑，"我这种发型要瓜子脸的才好看，你有点儿娃娃脸……"

舒辰白了他一眼，"来个飘逸的碎发。"

于是男孩儿手操剪刀，不到五分钟就剪出一头豪放的鸡窝，再拿一瓶发胶左喷喷右喷喷，一头不羁放纵爱自由的碎发就这样出现了。

"同学……"男孩儿羞涩一笑，欲言又止。

舒辰感觉他想夸她剪碎发好看，或者说在他的理发生涯里从来没有遇过剪碎发这么好看的女生。

"你……几天没洗头了？我手里全是油……"男孩儿摊开手掌果然油光闪闪。

"我……我是油性发质啦……"舒辰匆匆付钱后华丽转身，为了给他留个落拓不羁的背影，头也不回地把门关上，谁知用力过猛把左脚的拖鞋甩进了门缝……她屁颠儿屁颠儿地把拖鞋勾出来，余光中瞥见男孩儿一脸的坏笑……

后来舒辰才知道他叫蓝悠，隔壁班最后一排的睡神。每次去他家的美发店换发型，蓝悠都会给她打折。一来二去他们就熟了，舒辰发现他很爱笑，而且嘴角向下的时候很美，像安河桥下清澈的水……

不是每个女孩儿都喜欢布娃娃

吃过晚饭后，妈妈又在厨房里噼里啪啦地忙碌，而爸爸在书房里安安静静地写教案。舒辰有点儿失落地出来大街上晃荡，因为这世上没有人记得，今天是她的生日。

外面风大，风把她的长刘海吹得盖住双眼。她不知不觉地在"回归"美发店前停住脚步，撩开眼前的发丝，透过玻璃门往里看，却不偏不倚地撞上蓝悠清澈的笑颜。她推门而入时，蓝悠迎上来说："碎发吗？"

她笑了，"听说生日打五折？"说着把身份证递给他。

"对，五折。什么发型？"

"齐刘海，两边齐耳。"

以前舒辰剪头发时都闭着眼睛，怕碎发飘进眼里，不过她现在正对着镜子发呆——干净的脸，清澈的眼睛，酷炫的发型，左耳的耳环闪闪发亮……忘了对着蓝悠的镜像看了多久，缓过神时她已经走在回家的路上。

"舒辰——"蓝悠追上她，把一个大礼盒递给她，"生日快乐——"

舒辰打开一看，是一只大龙猫。

"女生都喜欢布娃娃吧？"他挠挠头笑了。

舒辰很想说不是每个女孩儿都喜欢布娃娃的，她就不喜欢，从小到大都没玩过布娃娃。可那有什么关系呢，眼前这个笑靥如花的男孩儿，跟星星一样在她的夜空里闪闪发光……

童话里不都是骗人的

平安夜那晚，舒辰站在钟楼下等蓝悠。

蓝悠向她跑来时，手里捧着两杯热奶茶，而他的白色长外套在风中飘扬。

后来两人去电影院看了重映版的《大话西游》。舒辰没想到再次看《大话西游》时，依然喜欢主题曲《一生所爱》的旋律，依然对那段"曾经有一份真挚的感情摆在我的面前，我没有珍惜"的台词念念不忘……走出电影院时，漫天的烟花绽放，绚烂了一大片夜空。两人跑上最高的塔楼眺望，空气里散发着烟火的气息。

"如果有机会，我想带你去很多地方看夜景。我知道哪里有和童话一样美的星星，哪里可以放最好看的烟花……"蓝悠的声音像被点燃了一样，温暖了舒辰的少女心。

曾几何时，舒辰这个"灰姑娘"还住在少女的幻想里，一直幻想着有个一袭白衣的翩翩王子骑马而来，带她周游列国，去看夜空中最亮的星，看最美的烟花。虽然蓝悠不是骑马而来，但他像极了童话里的王子，温暖又美好。那个一直活在幻想里的守护者，如今已经带着她在罗曼蒂克里翩跹起舞。

回家后，她把蓝悠去旅游时带回的两盒桂花糕捧在手里。有一盒桂花糕已经吃完了，另一盒她一直舍不得拆开。现在她心血来潮想吃点儿桂花糕，可是当她拆开密封的包装盒时，她呆住了——

盒子里装的不是桂花糕，而是一条米白色的公主裙。

她迫不及待地穿上裙子，在镜子前转了一个又一个圈圈。原来，童话里不都是骗人的，灰姑娘也有和公主一样美的时候。

我站在左边听你的心跳

舒辰喜欢来左岸奶茶店，是因为阳光刚好透过落地窗折射到天花板上，把垂挂着的五颜六色的千纸鹤映照得格外好看。

坐在她对面的蓝悠，正慢悠悠地吸着红豆奶茶。阳光折射到他左边的侧脸上，留下一块不规则的小光斑。每当他说话的时候，那块光斑就会跟着他的嘴角颤动。

舒辰记得有首歌叫《说好了不见面》，旋律轻快，音调清澈中夹杂着忧伤，很想放给蓝悠听听。舒辰就是这样，听到什么好听的歌都想给他听，有什么好玩有趣的事都想跟他说，甚至跟妈妈学炒菜学煲汤时都想着以后要给蓝悠做饭……

她把耳机塞进蓝悠的右耳，而蓝悠笑着拔出耳机塞进左耳时，舒辰的心猛然痛了一下。她有时会忘记，蓝悠的右耳是听不到声音的。

她突然想起这个爱笑的男孩儿，跟她说起他的梦想时一脸沉醉的表情。他说他想赚很多很多钱，有一天可以背着吉他去流浪，去这世界的所有角落，在不同的风景里唱不同的歌……

他说他从十岁开始，右耳就听不到了；往后的岁月里，双声道的生活只能在模糊的记忆里怀念。可那有什么关系呢，他依然热爱生活热爱摇滚，依然可以在吉他弹唱里永远年轻，永远热泪盈眶。

"这歌好听，旋律优美，嗓音也澄澈……"蓝悠笑着把耳机给舒辰。

蓝悠的声音把舒辰从纷飞的思绪里拉回现实，她愣愣地拿回耳机，傻傻地对着蓝悠笑。她想，以后她都会站在蓝悠的左边的，把所有话都说给他的左耳听，然后听听他左边的心跳……

你有没有听到，我静止的心跳

当舒辰看到染了一头黄发的蓝悠时，她被着实吓了一跳。虽然那张脸配上凌乱的黄发依然相貌出众，但她还是不喜欢男生把头发染成黄色，加上他左耳的耳环，看上去像一个坏坏的男生。

可是舒辰始料未及的是，正是他的这头黄发，让她在茫茫人海中认出他。那时他正挽着另一个女孩儿的手。舒辰穿过人山人海，想追上去看清楚那个女生的模样，后来跟到一家首饰店，看见他给她戴上手链……两人一脸幸福，给人一种两小无猜情投意合的感觉。眼泪不由自主地滑过舒辰的脸，脑海里却响起了《说好了不见面》的旋律，"你有没有听到／我静止的心跳……"

后来蓝悠约舒辰出去玩的时候，舒辰都以学习为由拒绝了。舒辰再也没去过"回归"美发店，心情不好的时候也不再去换发型，而是听之任之最后不了了之。而她对蓝悠爱理不理的，几乎避而不见。每次蓝悠想跟她说话的时候，她都捂起耳朵一走了之。那一年的中秋节过后，蓝悠发来一条短信说："我想了很久，感觉你对我冷，是因为我不学无术又年少轻狂吧？那你好好学习，好好照顾自己。后天我就去深圳了，十二点五十五分的高铁，如果你来，请告诉我……"

舒辰对着屏幕看了很久，却和往常一样没有回复，按下了删除键，只是依然隐隐作痛，眼眶又湿了一圈……

好久不见，你会不会忽然出现

舒辰如愿以偿地考上了大学，总算对得起那些没日没夜爬书山跳题海的日子。现在不用每天啃书本了，舒辰却有点儿不习惯。

翻抽屉时，舒辰找到了那个遗弃了好久的MP4。随手一按，陈奕迅的声音就在极近之处萦绕，耳边的空气都像是被点燃一样使她颤抖。一开始是低缓的钢琴声，配上Eason的唱词更像是一个人的独白："你会不会忽然地出现/在街角的咖啡店／我会带着笑脸挥手寒暄／和你坐着聊聊天……"

听着《好久不见》缓缓流淌的旋律，好像走在一条无人的林荫小道，过往的记忆如落叶般堆积，而心里带着些许忐忑。燃烧的空气，让舒辰无处逃脱，甚至宁愿在记忆里燃成灰烬……

她突然很想见蓝悠一面，很想听听他的声音，很想知道他现在过得好不好。那个她喜欢了很久，也陪她翻过十七岁这一页青春的男生，竟让她如此怀念。她一如既往地喜欢着那个阳光、笑容清澈的蓝悠，尽管她再也拼凑不出过往的美好。

她登录废弃了很久的微博时，第一条动态就是蓝悠的。顺手点入他的微博首页，从他的最新动态看起，一条条往下看。原来这一年，他去过那么多城市，还去了他梦寐以求的维也纳，几乎走遍了整个欧洲。他拍了很多夜景，拍那些拥抱月亮的星星，还有像天女散花般好看的烟火。但他不怎么拍自己，拍的多的都是背影或灯光下的影子，唯一的一张正面照，是在马德里拍的，满身都是淋漓的番茄汁……

当初说好一起旅行，说好一起看最亮的星星和最美的烟火的，如今却物是人非，未语泪先流。于是舒辰的眼泪吧嗒吧嗒地往下流……

红红落叶长埋尘土内

"我最亲爱的姐姐就要嫁人了……"

舒辰看了一眼微博的时间和照片里的女孩儿，猛然记起是那天和蓝悠手挽手的那个女孩儿，原来是他姐姐……

原来自始至终，错不在蓝悠，而是舒辰年少的倔强。

很多很多的回忆在脑海中穿越，恍若一个很长很长的梦，让人醒不过来。一种怀旧的淡淡的感伤，就像绚烂的烟花过后，空中弥漫的烟火的味道。

她仍然记得他说过的每句话，他说如果有机会，他想带她去很多地方看夜景。他知道哪里有和童话一样美的星星，哪里可以放最好看的烟火……

她想起一起看《大话西游》时，她觉得大圣转身离去的背影配上那段"苦海翻起爱恨"的旋律很凄美，竟感动到泪流。尽管电影院里很黑，他依然知道她哭了，笑着帮她把眼角的泪擦干……

而当她收起思绪，看着手中的MP4滚动的歌词时，才想起耳边萦绕的就是《一生所爱》的旋律。不知怎的，她突然很想放给蓝悠听，跟以前一样。于是她翻到那个尘封了一年的号码，曾经在无数次犹豫中省略了所有的祝福和问候，也忍住了无数次想联系他、想听听他的声音的冲动。可是这次，舒辰义无反顾地按下了免提键，并把手机移到MP4的旁边，然后回放那首《一生所爱》。

那边传来了轻轻的一声"喂"，迟疑地叫了一声"舒辰"。可是舒辰没有出声，轻轻调高了MP4的音量：从前现在过去了再不来／红红落叶长埋尘土内／开始终结总是没改变／天边的你漂泊白云外／苦海翻起爱恨／在世间难逃避命运／相亲竟不可接近／或我应该相信是缘分……

她知道他在听，因为一直到旋律终止，他都没有挂断……

她会放下年少的倔强，谢谢他陪她走过十七岁，然后问他还想不想一起去旅行，一起去看夜空中最亮的星……不管结果如何，这都是一个好的开始。哪怕最后不了了之，她依然会在他梦里，放一场她的烟花。在梦里，她会给他放一场最美的烟花……

懒猫咖啡馆的旧时光

七月七日晴

骆 可

1

二楼走廊尽头的窗玻璃坏了好一阵子，一直没有人来修。钻过玻璃破缺的一角，北风盘旋着发出呜咽而细碎的声响。

姚她她把自己穿成个狗熊，怀里抱着热水宝跑去球场看男生打球。身边的女生正在各种花痴。

"哇，男神！"

"投篮的姿势好帅！"

这时，一个不和谐的声音出现，"喂，姚她她，你知道那个傻瓜是哪个班的吗？"

"他眼睛长在天灵盖上吗？这种球也能投飞！"

不用回头，也知道说话的人是叶子遥。只有漂亮得像只蝴蝶的叶子遥才敢这样评价男生。

每次姚她她这么形容她时，叶子遥都一脸嫌弃的表情，"你才是蝴蝶，你才是那么恶心的东西变成的！"

如果真的可以，姚她她倒很乐意。

网上曾有个调查，说女孩儿看男孩儿，再好看如果三观不正也是人渣。而男孩儿看女孩儿，主要看脸，不好看的直接拜拜，好看的管她什么三观，约会吧！所以就算叶子遥手里拿着毒药，说喜欢我就吃下去，怕也有人甘之如饴。

于是，姚她她借叶子遥的光，身边突然多出很多异性朋友，连坐在后面的英俊少年——班长邵靖宇，都会偶尔和她说上两句话。

他说姚她她上次的几何题你解得棒极了！你的物理之所以不好是因为基础知识没打好。化学有不会的地方我可以帮你。

后来的某一天，他说姚她她，你知道叶子遥每周都去哪里吗？

姚她她一怔。

有人亲眼见叶子遥每周出入高级公寓，至于为什么会出现在那里，女生们开始发挥她们的无穷想象力。

叶子遥坐在天台上随意晃荡着两条腿，听了后叹口气，"你听过人体模特吗？"

人体模特？姚她她瞪大眼，是那种需要脱掉衣服，或站或卧供人临摹的人体模特吗？

姚她她没敢问。

过了半天，叶子遥觉得有些冷，从天台上跳下来，打算回教室，姚她她吞吞吐吐地说道："邵靖宇向我打听你。"

叶子遥没接话，过了一会儿，说："哦，是吗？"

2

叶子遥拉姚她她去小卖部，姚她她被拖着走出好远才嚷嚷道："你干吗呀，我还穿着拖鞋呢！"

等到叶子遥放了手，从货架上拿出一排养乐多，姚她她像被孙猴子施了魔法，瞬间定在那里。

要知道会遇到邵靖宇，打死她也不穿双猪头拖鞋出来！

青色的台阶上，邵靖宇正怀抱着吉他在弹一首好听的民谣。那声音清浅低婉，瞬间就击中了她的心脏。

姚她她在心里默念："看不见我看不见我看不见我！"

可往往是理想很丰满，现实很那啥。叶子遥这个二货一句"姚她她"，让她遁地的想法瞬间化为泡影。

姚她她哭丧着脸，"叶子遥，你是故意的吧！"

叶子遥不理她，"难道你不知道女生要随时保持最美好的一面，因为不知道什么时候就会遇到你的那个他！"姚她她懊恼地想，他应该没看到吧！

日子像流水般，哗哗就淌了过去。

姚她她隔三岔五就会收到男生的小恩小惠，这大概是作为叶子遥唯一好朋友的特殊待遇。

她无功不受禄，会把叶子遥喜欢白色，讨厌酸辣粉，最爱机器猫里的大熊这些消息回馈给他们。

当然，遇到心情不好时，也会故意告诉他们叶子遥打小就喜欢昆虫，像什么小蜘蛛小瓢虫一向是她的最爱。看着叶子遥吓得脸色煞白，男生们屁滚尿流的表情，姚她她突然就心情大好。

只是这种好心情很快就消失得无影无踪。

自习课上，邵靖宇从后面捅捅姚她她。

她满脸问号地转过去。

"那个……"一向沉稳的邵靖宇突然有些结巴，"那个叶子遥……"

果然。

虽然早就料到的结果，可姚她她的心里还是长满了毛茸茸的小刺，轻轻一触，就会痛。

可能是看出姚她她的表情，在她转过身时，邵靖宇在后面安慰似的小声说："你那天的拖鞋很好玩。"

哦，他还是看到了。可看不看到又怎样，她在他的心里，大概也只剩下好玩吧。

彼时，窗外下个没完的淅沥小雨让姚她她扯坏了好几张卷子。同学们都在抱怨一会儿怎么去食堂，叶子遥远远地问："姚她她，你带伞了吗？"

"没带！"那是她第一次冲叶子遥发火。叶子遥错愕地看着她，姚她她也不知道自己在烦躁什么。

放学后，雨大起来。姚她她站在大厅门口，有些懊恼刚才的发火，叶子遥已经顶着块塑料布冲出去。

姚她她看看天，刚要迈脚追去，邵靖宇从后面拉住她，"这个，给——"不等说完，姚她她已经冲进大雨，声音瞬间湮没在一团水雾中，"我知道！"

是啊，她怎会不知道？没有男生会不喜欢美到骨子里的叶子遥。

食堂里，叶子遥看着淋成落汤鸡的姚她她，惊呼："你脑子进水了？"姚她她将将头发上仍在不断滴落的雨珠，没有回答叶子遥的话，递过手中的伞，"邵靖宇给你的。"

叶子遥狐疑地看着她，"邵靖宇？"

姚她她点头如捣蒜，生怕叶子遥追问淋成这样的原因。难不成要告诉她，宁愿被淋成落汤鸡也不打开伞，是因为想让自己更清醒一些？

早自习的铃声响过了好几分钟，姚她她才昏昏沉沉地出现在教室。书包刚放下，邵靖宇的声音就从后面传过来。

"昨天……"

"哦。"姚她她又打了两个喷嚏，神情萎靡地半趴在桌子上，"叶子遥让我谢谢你。"

过了半天，邵靖宇声音里透着失望，"不客气。"

如果，如果他知道那个星光无觅的晚上，叶子遥和她挤在同一张床上，说自己好像喜欢上了邵靖宇，他大概会跳起来吧。

3

姚她她和邵靖宇的聊天模式，开始变成以"叶子遥她……"为开头。只要邵靖宇一拍她，她就会转过身，将叶子遥的一切统统交代。

这没什么不好。她可以随便抄他的物理作业，可以在饿肚子时去他的桌洞里找吃的，可以犯错时讨好地央求他不要告密班主任……

她和他的关系一下子近了起来。因为叶子遥。

放学后，叶子遥有些心不在焉，用脚踢着路上的小石子，"你最近……"

走在前面的姚她她，嘴里吃着邵靖宇给的巧克力，回过头含糊地问了句："什么？"

"姚她她。"叶子遥站住，眯起眼睛打量她，"你不是也喜欢邵靖宇吧？"

"啊，怎么会？"姚她她讪笑着，极力掩饰着自己的慌张。"你知道，我的男神是刘青云，我喜欢老年人你又不是不知道！"

"真的？"

"真的真的！"姚她她拼命点头，生怕叶子遥不信，"他……他和我在一起，只是为了打听你。"

"那他有没有说喜欢我？"叶子遥说话的语气仿佛在说你要是敢摇头，就死定了！

这个好像根本就不需要说吧。王子爱公主，才子配佳人，这本就是天经地义的事。

可姚她她还是问了，在邵靖宇把她画得面目全非的电路图重画一遍时，姚她她突然问道："你喜欢叶子遥吗？"

邵靖宇手中的笔一顿，整张纸划出道口子，"其实我……"

其实什么呢。其实姚她她一早就清楚，她之于他，大概只是他接近叶子遥的一座桥梁。

呵，桥梁。

所以，当叶子遥探过头，说你们聊什么呢？姚她她不假思索地说："聊邵靖宇喜欢你呀。"

那个时候，邵靖宇明明可以否认的。可他为什么要否认？难道她在期待什么？

放学的前一堂课，叶子遥从前面传过张纸条，"姚她她，你要不要帮我一个忙？"

高三每周末只有半天休息时间，大家早早地就拿好脏衣服准备各回各家各找各妈。姚她她也不例外，只是她一直磨蹭到人快走光，才一个人出了教室。

微风里，叶子遥的笑声像云雀一样穿破天际。她坐在邵靖宇单车后座上，朝姚她她挤挤眼儿，做了个OK的手势。姚她她手里拿着邵靖宇落在教室的数学练习册，刚扬起来，又垂了下去。

她有什么好难过的呢？是她亲手去把叶子遥的车气放掉的。是的，她要帮叶子遥。谁让她是叶子遥唯一的好朋友呢。

叶子遥拍拍她的肩膀，说："你知道有些事情虽然明摆在那儿，但还是需要一些契机。"

姚她她知道，她说的是邵靖宇。邵靖宇骑着单车，似有似无地朝姚她她的方向看了眼，接着飞快地消失在视线里。

第二天，叶子遥无精打采地出现在教室。这跟姚她她想的一点儿都不一样。

"你没事吧！"姚她她关切地问。

"我能有什么事？"叶子遥看一眼正走进教室的邵靖宇，抿抿嘴，凑近她耳边，"因为昨天回去得太晚，所以……"

　　太晚？是啊，一定是和邵靖宇在一起回去晚了，才会睡眠不足。

　　姚她她回到座位上，一堂课都在想他们昨天会去了哪里？想着想着，邵靖宇在身后叫她，一愣，条件反射般头也没回地回一个"嗯"。过了半天，才清醒过来，发现邵靖宇问的是："你就那么希望我和叶子遥在一起吗？"

　　她要怎么说？说她刚才只是随口答的，这并不是她心里的想法？还是告诉他，其实，我也是喜欢你的。

4

　　姚她她和邵靖宇的关系，好像一下子回到了起点。

　　他不再向她打探叶子遥的消息，她也不再主动去交代叶子遥的一切。想想也是，你见过哪个人把磨卸下来以后，去把驴供起来的。

　　这样也好。

　　她还是那个姚她她，那个默默无闻，脸上贴着叶子遥唯一好朋友标签的姚她她。

　　而他呢，也还是那个邵靖宇，那个不苟言笑的翩翩少年。

　　只有叶子遥变得不一样了。

　　她变得敏感，多疑，会因为一点点小事而大发脾气。大概恋爱中的女孩子都这样吧。

蛇精病小姐已经黑口黑面好几天，连食堂里最爱的水煮肉片都无法让她心情好转。她盯着姚她她，好像那上面写着她想要的答案。

自习课上，姚她她转过头，悄声问："你和叶子遥吵架了？"

邵靖宇皱着眉，抬头在她脸上扫视了三秒，没好气地回道："和你有关系吗！"

想想真是倒霉。他这是因为叶子遥，殃及她这个无辜的邻居吗？

姚她她心不在焉地熬到下课，好在叶子遥又像以往那样，笑嘻嘻地凑过来，"邵班长，劳烦您大驾出来一下。"

走廊里，叶子遥和邵靖宇并排站着，阳光波光粼粼地洒下来，像一尾尾游弋在他们身上的鱼。他们咬着耳朵，不知道在说些什么。

回来时，邵靖宇的脸色柔和了许多，连看姚她她的目光都没了前几日的冰冷。他和她，一定是和好了吧！

这不正是她盼望的吗？只要能继续留在他身边，哪怕永远只是他喜欢的女生的好朋友身份。

由于蛇精病小姐回归正常人，日子又恢复到了三人行。他们一起上课，一起下课，一起去食堂，一起上各种辅导班。

姚她她的脑子在变成糨糊前，已经先变成了一锅粥。

还好，辅导班里有个叫林谒的男生，和她一样恨不得钻进书里杀了那些物理学家。

每每其他人奋笔疾书，他们两个就在下面吃得不亦乐乎。林谒的书包总能变出让人心情大好的食物。吃到后来，姚她她成绩没提高多少，人倒是胖了不少。

果然，爱情和美食都无法让人拒绝。没想到的是，邵靖宇会因为这个发火。

晚自习老班不在，大家简直就放了羊。姚她她自动开启了吃东西模式，上次林谒给她带的杜果饼还剩下不少。正吃得起劲儿，邵靖宇语气严肃道："姚她她，你出来一下！"

环顾了四周，教室里有补觉的，有满地撒欢的，为啥她吃个东西就要被叫出去谈话？

黑漆漆的操场上，邵靖宇黑口黑面地站在对面，一言不发。

姚她她在心里鄙视着，不看她这个僧面，至少也看在叶子遥那个佛面上，吃个杜果饼至于吗？

邵靖宇就这样一直盯着她，姚她她心里有些发毛，说没事儿我先回去了。刚转身要走，邵靖宇终于开了腔。

"你和那个林谒怎么回事？"

"林谒？"姚她她心里一凛，他该不是以为她喜欢他吧！

不幸猜中。

"你喜欢他？"

"我……"姚她她一时语塞，不知道要怎样回答，她明明喜欢的是眼前这个男生啊！

"现在是高三！"邵靖宇语气强硬。他的弦外音，是说她不应该现在去喜欢一个男生？

那他和叶子遥呢？只许州官放火，不许百姓点灯！何况她还没点呢。姚她她在心里嘀咕着。

"姚她她，你到底知不知道……"邵靖宇眼睛里突然装满了愤怒。

知不知道什么呢？如果不是叶子遥爸爸的突然出现，他到底要和她说什么？而他又有什么可愤怒的，就因为他是班长吗？

5

叶子遥死死抓住教室的门框，抵抗着眼前这个已经输红了眼、嘴里骂着各种难听话的赌徒。

他说："叶子遥你别给脸不要脸！你别忘了你吃老子喝老子的，没有老子哪来的你！"

走廊里围满了看热闹的人群，那些女生眼里溢满热烈的光，仿佛那个骄傲的叶子遥一下子从云端重重地跌进泥里。

叶子遥的手指已经泛白，忍了那么久的眼泪在看到邵靖宇的瞬间，汹涌奔了出来。

她蜷在地上，把自己抱成小小的一团。

邵靖宇驱散了看热闹的人群，拉开那男人，"这里是学校，你再不走，我报警了！"

那男人恶狠狠地问道："你是谁？"转瞬似的明白了什么，"就是因为你，她才死活不肯再去做人体模特的？人体模特怎么了！不就是光着身子让人画画吗？又没真的怎么着！"

"够了！"叶子遥跑出去时，邵靖宇犹豫了片刻后追了出去。

姚她她翻来覆去地睡不着。眼前缠绕着邵靖宇死死扣住她肩膀和叶子遥蹲在地上哭泣的画面。

窗外的月色顺着窗棂漫进来，像泅了水的画布。

她听到叶子遥在梦里小声哭泣。自从那个男人大闹后，叶子遥总是做噩梦，梦到自己被游街，被人当众扒光衣服。她再也不是那个骄傲的叶子遥。

姚她她轻轻拍着她后背，"别怕，你还有我。"

日子须臾而逝。她以为时间会治好叶子遥的伤。

夜里，叶子遥在小声地讲电话，电话光亮重归于黑暗后，有窸窸窣窣穿鞋的声音。

月光下，叶子遥有些卑微地看着邵靖宇，"因为人体模特的事情吗？是为了给我爸还赌债我才去的。"

她的声音越来越小，接着急切地解释："但我真的只是做模特，我什么也没干！"

邵靖宇艰难地组织着语言："不是的。不是这样的。我告诉过你，我喜欢的人一直都是姚她她，那天走廊里我说了如果你愿意我们还是朋友……"

不放心跟出来的姚她她，站在阴影里，一下子失了呼吸。

原来，他是喜欢她的！一直都是！

当邵靖宇终于说出口，说他喜欢她，说叶子遥只是他为了靠近她的借口，说喜欢一抬头就能看到她侧头看窗外的样子……姚她她木然地听着，为什么要等到现在才说！为什么要等一切都来不及！

她轻拂掉他握住她肩膀的手，看着他的眼睛，慢慢说道："我从未喜欢过你。"

从未。

那一刹，邵靖宇眼里有那么深的疼痛，一点儿一点儿刻进她心里，刻进那一去不复返的青春里。

她不可以喜欢他！她不能！在叶子遥绝望地望着她，说你不要救我，我什么都没有了以后。

她不能成为压垮叶子遥的最后一根稻草。

过了很久。久到过了高考，大家各奔东西。邵靖宇在电话里说："我可以再见见你吗？"

彼时，手机天气预报提示：七月七日，天气晴。

一直以来，七月都是姚她她的最爱。阳光充沛，万物

懒猫咖啡馆的旧时光

欢腾。可那天却下了近十年来最大的一场雨，很多人蜂拥至地铁看"瀑布"。姚她她被拥堵在台阶上，邵靖宇远远地望着她。

他们隔着宽宽的通道，隔着雨幕，隔着像蝴蝶一样美丽的叶子遥——

最终被隔开了一整个世界。

你在千里之外

月下婵娟

遇见她是一个意外。

同寝室校合唱团的白文婷同学临时去车站接千里投奔她的男闺密，拉了我的手两眼泪汪汪。"苏小桐亲，你千万要记得帮我把缺补上。你知道老班和我们那团长的厉害，这筹划了很久的中秋节夕阳红养老院献爱心演出，如果我食言，后果只怕是千夫所指。"

我目光从手机上移开一寸："丑话可说在前头，我只是去凑个数，至于你会不会千夫所指——"我拖长声调。

白文婷直接扑上来一个亲密拥抱，"我就知道亲爱的小桐你最好了，月饼会有的，麻辣烫会有的，羊肉串也会有的。"

看在月饼、麻辣烫和羊肉串的份上，我加入到十几人的合唱团队伍中，浩浩荡荡奔赴城南夕阳红养老院。我们到时院长已经在门前翘首以盼多时，养老院环境幽雅，五层的白色小楼掩映在葱茏的花木中，桂子的香气馥郁。老人活动室临时改成的表演场地，高矮不一的爷爷奶奶们已经排队坐好，那样郑重的架势，令我感觉，像是重回到幼儿园时。

她是坐在左手前排第一个的老人，花白的头发，满脸的皱纹，笑容像是这个季节开在原野上的一朵菊花。她穿蓝色的衣服，格外的整洁，令人一见便心生亲近之意。

我是冒名顶替白文婷的非社团之人，自然不敢上台去一展歌喉大献其丑。便就近找位子坐到她身边。她看我挨她坐下十分高兴，往旁边挪了又挪，嘴里说："姑娘伢坐这边。"

平心说，社团留着韩国欧巴发型的帅哥一曲《精忠报国》唱得真的不错，气势恢宏声调铿锵，演唱完毕后我正在鼓掌，身后却有几位老人退场。这样的情形真是尴尬，老奶奶靠过来说："唱得很好听，你不要被老杨头他们影响了心情。"她未盘紧的几丝碎发扫过我的脸，一双手，骨节宽大崎岖变形，拍在我的胳膊上，像是要传递一种暖意和肯定。这个老太太，不像是我们来慰问看望她，倒像是她在关怀开导我，怕我们年少而敏感的心受了委屈。

合唱团一群爱心满满却未筹划得当的同学们在台上卖力表演，台下的爷爷奶奶们却不领情，喧嚣的音乐吵得人耳朵疼，紧跟潮流的时尚歌曲他们也不感兴趣。她好几次回头观望离去的同伴，又转过头对我笑得左右为难。

台上表演男声诗朗诵时我扶了她从后门出来，院子里金黄的桂花开满枝丫，老太太扶着花树活动一下筋骨，又折下一串桂花摊在手掌心，对我说："用这桂花做馅，蒸的糕饼可好吃了。原来，我们还在乡下的时候，我还自己酿过桂花酒……"

芬芳的记忆联系起我们共同的情感和思绪，我也有一位和蔼可亲整天都慈祥笑着的老妇人，她为我蒸过桂花糕，酿过桂花酒。她从我出生，到我走出家门，总是伫立在小村口，口袋里装满小卖部买的一元钱真知棒，五毛钱泡泡糖……

合唱团的同伴们并不只是为老人们带来歌舞，此行献爱心活动还包括给老人剪指甲，洗头发，打扫卫生等等。院长热心地为我介绍着眼前的吴老太，儿女孙辈都定居在国外的富足老人，言语不通的隔阂，漂洋过海远离故土的长途跋涉，使她坚决不离开家。

吴老太在院中一小块开垦出的插花地上仔细地观察着什么，我走上前去，便看到刚刚破土而出的小嫩芽，她笑着对我说："是我种的，过不了多久啊，你就可以来这里吃萝卜和大白菜了。"

我握她双手，吴老太太指甲修剪得整齐干净，并不需要我形式上的关怀和爱心。老人牵着我来到树荫下，木制的长椅上，清风吹落秋天的梧桐叶，蝉声聒噪，不知道在何处鸣唱，兴许是我的故乡和老太太远去的村庄。

　　"就在这里陪奶奶说说话，好吗？"同来的社团成员们已到了回去的时间，我不再记得答应过下午要和谁去逛街，城北的小吃巷好吃的东西一家挨着一家，淘宝网上那家中国风的女装店在打七折，手机上好看的电视剧今天有更新，而养老院里没有Wi-Fi……

　　吴老太太回忆旧事的语气安详而温馨，说小孙女小时候每天去上学总要吃她煮的荷包蛋，邻家霸道的大公鸡飞过矮墙把她吓哭了，眼泪挂在圆圆苹果脸上，一边大声喊着"奶奶"一边被追得团团转。小时候送她去上学，看她头上红色的蝴蝶结转进了教室才回转。夜里她极乖，窝在奶奶的胸前吃烤红薯。那是冬天，老北风吹得满院子大雪，早上起来的她像只兔子，蹦跳着要去堆雪人，冻得通红的手掌被奶奶拉过来，暖在胸口上。

　　夏天的时候，奶奶煮的绿豆沙总是特别好喝，绿皮青花的大西瓜镇在井水里，你一口气，能吃三大块。隔壁家的小兰脆声叫着要和你一起去扑蝴蝶，黄昏蜻蜓飞满了庭院，村庄里冒着蓝色的炊烟，奶奶煮好了饭，站在巷口大声喊你的名字，猫咪和奶奶一起看你从暮色里飞扑过来。抱紧你，就如同抱紧了所有的幸福和欢喜。老蒲扇扇来夜的清凉，竹床摆在星空下，牛郎和织女隔河相望，奶奶说要等到七夕，它们才可以在鹊桥上相会，你数着飞来飞去的萤火虫，睡意蒙眬，奶奶在耳边唱一首童谣，歌词模糊不清。

吴老太太没有问我的名字，在那些春夏秋冬、交替着烤红薯的甜香和老冰棒的冰凉的回忆里，她满眼慈爱地握着我的手。她记得亲生孙女小时候的每一件事，她的喜怒嗜好，她的乖巧性格甜蜜长相，恍惚里她以为握着的是那个扎着红色蝴蝶结燕子般的小女孩儿，呢喃而娇憨地唤着她"奶奶，奶奶"。她以为我是她，那个人在大洋彼岸非常有出息读到博士没有时间回来看她的小姑娘。

她的所有思维都是过去式，留存在她日渐老去的光阴里的，全是一个千里之外的小名"囡囡"的姑娘。这熟悉的称呼唤醒了我远去的童年，在山的那边，河的那边，羊肠小道尽头的那边，有一个遥望我的老妇人，也曾口齿不清地唤我"囡囡"。

电话拨通后我总是嫌她跑过来得太慢，长途的话费一分钟要好多钱，她的耳朵已经听不太清我叫她奶奶。常常我在这边声嘶力竭，听筒里却只传来她乡音极重的嘟哝。"我是奶奶，你是哪个？……囡囡——"

话说不上几句常常就有太多事耽搁，我要上课了，我要写作业了，我要去逛街了，我要和朋友去看电影了。"下次再打给你，奶奶。"挂断电话时手机里仍听得到她叮嘱的声音。"放假你回来，我留了过年时的香肠给你吃。"

放假是遥遥无期的，功课繁忙而重，交朋友更是花费许多时间，乡村景色单调而陈旧，一年年都是春天的桃花夏天的燕子和秋天村口一排排火红的枫树，冬天麻雀成群的叽喳。城市里高楼大厦，柏油马路宽阔平整，有许多机会和挑战，我沉迷其中，乐不思蜀。

我是代替我的室友白文婷来献爱心的冒名合唱团成员，却在这样的，一个中秋节桂花飘香的午后，邂逅了世上最深的爱。一个满头银发的，皱纹丛生的，缺牙瘪嘴的老奶奶，我的奶奶。

她絮絮叨叨地和我说话，握着我的手唤我的小名"囡囡"，那也许不是我，但此刻，我多么感激这一声相同的称呼。也许世间的每一个女孩儿，都是她奶奶心中记挂深爱着的囡囡。

秋天日光澄澈，筛下满地金黄，日影西斜，天边燃烧大片瑰丽晚霞，她笑得格外开心，待我与众不同的亲爱。临去时，她殷殷叮嘱我："下个周末可一定要来看望奶奶。"

我挥手对她作别，诚心诚意向她许诺。忍不住要顽皮一回，勾她小指。像回到小时候，奶奶送我去幼儿园，温柔同我说不见不散。

身边站立院长笑得一脸慈祥，我走出了门，转过了她看不见的围墙，院长跟过来说："谢谢你啊，同学。老太太太过想念她的家人，哪怕每个月都有美金汇来，也抵不过有人到她跟前叫她一身奶奶。"

行走在夜晚的人流车阵中，晚风沁凉，轻送来八月的桂花香。我想快快走到无人的地方，拨通手机，哪怕等半个钟头，等那蹒跚着脚步的老太太接起老屋中电话，冲我大声喊："囡囡啦，奶奶真是想你啊……"

那个与养老院吴老太太的约定因为突然到来的一场学习竞赛而成为泡影，我在嘈杂的校园里想告诉她一声，想说我下个星期一定过去看她。翻开手机，却发现根本无法联系。

人生里有许多遗憾，它可能是我童年时没有攥紧的飞往天空的那只气球，是我少年时懵懂爱恋过却终于离散的隔壁班男生，是我高考时不小心丢失的那关键一分，但是没有哪一种，你发觉失去，却再也追不回来。比如说，再一次来到养老院的我，问起她，那个和蔼可亲的吴老太太。院长不在，接待我的阿姨问我："小姑娘你是她什么人？老太太的后事是她的亲人回来料理的……"

一位作家曾说：我慢慢地，慢慢地了解到，所谓父女母子一场，只不过意味着，你和他的缘分就是今生今世不断地在目送他的背影渐行渐远。你站立在小路的这一端，看着他逐渐消失在小路转弯的地方，而且，他用背影默默告诉你，不必追。

"下一个周末再来看奶奶好吗？"

"好。"

她和她，她们，都在千里之外，是我的珍惜，是我的深爱。

情怀大爆炸

Apple

1

许若最近看陈扬不太顺眼，严重点儿说，许若对陈扬的愤怒之情已经上升到了一个顶峰。陈扬是许若的同桌，两人都是排行榜上数一数二的学霸，班主任老李头把他俩安在一起，说是为了共同提高共同进步。

不过两人同桌的日子不长，摩擦不少。

这次呢，是因为许若的一件裙子。

那天刚好是周六，学校规定周六日可以不穿校服。那天许若穿了一件深蓝色雪纺连衣裙，走进教室的时候，陈扬一抬眼，笑了出来。

就凭许若跟陈扬相处的经验，许若敏感地发觉陈扬在笑她穿的这件裙子。

这裙子不好看吗？妈妈明明说挺好看的啊，暑假的时候去姑姑家姑姑还问多少钱买的呢。

许若敲敲前面静文的头，"静文，我今天这裙子怎么样啊？"静文回头，敷衍地说："挺好的。"然后继续低下头做数学题。

许若只好自己咬着笔头在座位上郁闷，陈扬今天早上那一笑到底是什么意思啊。

晚上下了晚自习，陈扬背起书包晃悠晃悠要走的时候，低头看了还跟数学题作战的许若一眼，"你穿这裙子，像四十岁似的。"

许若一下子被陈扬这句话伤害得体无完肤，"什么？"

晚上许若在镜子前思前想后走来走去最后终于给陈扬打了一个电话。

"喂，你好。"

许若说："我不好，陈扬我问你，你认真回答我，我穿这裙子真有那么老吗？"

然后许若就听见陈扬在那边大笑的声音。

陈扬笑够了之后，"不老不老，一点儿也不老，穿着像十四岁似的！"

许若悻悻地挂了电话。

第二天陈扬在座位上背英语单词，看着许若穿了一件超级减龄的背带裙还扎了个丸子头进来的时候，再一次不厚道地笑喷了。许若狠狠地瞪了一眼陈扬，坐下来，掏出英语书，没理陈扬，看了看黑板上的任务，也开始背起单词来。

陈扬凑过来，"怎么没穿你那件漂亮的裙子啊？"他特意加重了漂亮这两个字。前座的小雷回过头，"什么漂亮的裙子啊？"

许若微笑着和小雷抱怨："我昨天穿了一件裙子，他竟然说我像四十岁！"

陈扬说："哪有！我可没这么说。"陈扬一脸无辜，接着又坏笑一下，"你起码少说十岁，明明说是五十的。"

于是小雷静静地看着许若又一次暴走了……

2

高二，文理分科，许若和陈扬商量着大家一起吃个饭。

在KTV的时候，许若不会唱歌，在沙发上窝了会儿觉得有点儿困，就去隔壁没有人的房间睡觉。进去的时候，才发现房间里已经有几个人睡着了。许若挑了个空沙发躺下，头顶是陈扬。许若嘲笑陈扬，"睡姿真难看。"

毕竟是冬天，许若不一会儿觉得房间里有点儿冷，只好不情愿地起身，回到大家唱歌的房间拿自己的棉袄。自己的衣服下面……是陈扬的灰色大衣，陈若的手在衣架上停留了几秒，把那件大衣也拿了下来。

平时经常看见陈扬穿着这件大衣游荡在校园的各个角落，许若拿下来才发现大衣很厚实，里面竟然全是棉毛。陈若把大衣轻轻地盖在睡着了的陈扬身上，许若拿下大衣的时候觉得同桌一场，总不能让自己暖和了他冻着，但是真把大衣盖到陈扬身上的时候许若却感觉到了一种说不出的怪异。

许若是被静文叫醒的，时间到了，她醒来之后发现房间里还是漆黑一片，陈扬进来，拿相机对着她。

许若的起床气一下子上来了，拿手挡住脸，用略带撒娇又带哭腔的声音说："别拍啊，不许拍。"

陈扬收起相机，"好好好，我不拍。"

许若对陈扬的这个相机也是敌视已久了。陈扬平时总爱拿相机四处拍拍，而且陈扬有一个让许若气得牙痒痒的爱好——喜欢拍许若的丑照。

许若上课睡觉口水浸湿书的画面，许若拿着手机自拍的画面，许若刚跑完步的狼狈模样。

3

大家临毕业前，都说要聚餐。一帮年轻人，喜欢嘻嘻哈哈的，许若和陈扬去邀请老李头参加他们的聚餐的时候，老李头给了个建议，咱们不如自己做一顿毕业餐。

许若向大家传达了老李头的想法，得到了班级里所有人的一致认可。大家都感觉很新鲜，李老头还特意给许若和陈扬批了一下午的假出去找明天聚餐的房子。

许若知道的时候，为什么是我们两个？

大家说，你们俩成绩好，当然得多为班级做贡献。

许若目瞪口呆地接受了大家的安排。无奈找房子之路太艰难。许若和陈扬一家家地找过去，第一家，陈扬说，不行，厨房太小。

第二家，陈扬说，不行，这家比第一家还小。

第三家，陈扬说，不行，价格太高了。

许若耐着性子陪他找，终于，第五家，一进去，两个人把屋子打量了一圈，不错，厨房地方大，价钱还合适。许若和陈扬交换了一个眼神，就是这了。

房东很痛快，双方很快就谈好了价钱，房东交了钥匙急匆匆走了。

中间有个房间是老式家具，红木柜子上带着大镜子，许若站在镜子前照照自己，陈扬也走过来了，站在许若的后面。陈扬很高，大概比许若高出了一个头左右，许若看着镜子里的陈扬，两个人的目光对视很快又转开，许若说："我怎么感觉像是咱俩挑婚房呢？"

陈扬大笑，"您快别逗了行吗？"

许若也笑，两个人在一栋空房子里笑得没心没肺。

许若跑到厨房里，不一会儿大喊："陈扬，这里没有筷子呀，明天提醒我记得买筷子。"

陈扬露出谜一般的微笑，"筷子还用买，咱们去偷。"

去偷？

陈扬带着许若来到食堂的时候，许若死活都不进去，再一次问陈扬："咱们真的要这么干吗？"

陈扬说："放心吧，大不了咱们用完再给还回来。"

两个人进了食堂，去不同的窗口打完饭，许若看见陈扬站在装筷子的柜子那里，许若走过去，陈扬面不改色地抓了一大把筷子递给许若，"喏，你先过去，随便找个位置坐下就行。"

不一会儿，陈扬也过来了，同样抓了一把筷子，还捎带了几个勺子。

许若嘴里的饭差一点儿喷出来。

第二天大家在一起吃饭的时候，小雷拿着勺子问："我怎么觉得这勺子这么眼熟啊？"

许若和陈扬对视了一下，然后哈哈大笑。

许若偷笑了一下，"你筷子不眼熟啊？"

"这是……食堂的？"小雷一天惊讶。

"这哥们儿昨天带我上食堂偷的。"许若拍了拍陈扬的肩膀。

大家笑，"果然是学霸才能干出来的事。"

4

时光匆匆，三年时光就如同白驹过隙一般。一转眼，大家就都毕业了。

许若后来在大学的时候，经常想起那些事，想起的时候嘴角会不自觉地泛起微笑。因为时光太美好，所以希望再和那群人待的时间久一点儿。许若偶尔和以前的朋友聊天，有一次和小雷说起陈扬，小雷说，那会儿班里不知道有多少人在羡慕你们俩。大家都以为你们俩在谈恋爱啊。

许若说："怎么可能？"

"怎么不可能，你们两个成绩都那么好，还整天表现出一副眼里只看得到对方的样子。"

好酸啊，许若说："您快打住吧。"许若想了想，当时好像确实是总在和陈扬一起学习，一起斗嘴，有什么活动也常常是两个人做搭档。其实许若觉得自己无比幸运能够遇见陈扬，她没有经历过爱情，那么对于陈扬，可能关乎喜欢，但更多的，是陈扬给了自己陪伴。在那段所有人埋头读书做题的时光里，他给了自己一个不一样的青春。

有一天许若看到陈扬更了微博。

情怀爆炸把过去重来一遍吧，哪怕什么也不改变，人再怎么拼命也追不回时间，一旦踏上远去的列车时光就再也追不回。

跟身边的人说再见吧，一会儿拍完毕业照该走了。

微博上发的照片是许若嚷嚷着不许拍的照片，照片上的女孩儿睡眼蒙眬，大衣半搭在身上，一副怎么都睁不开眼的样子。

懒猫咖啡馆的旧时光

啊 哦

好像一切都没有改变

正在家乡过暑假的夏米窝在家里太无聊，想了想便出去散步。走着走着，视线却定格在一家开在偏僻的角落里但很美的店。

店很独特，但不难看出来，这房子有些破旧了。墙壁已经掉漆，露出了里边的砖砖瓦瓦，看起来一定是经过漫长岁月的无情洗礼了。大丛大丛的爬山虎安恬地枕在屋外斑驳的墙上，碧绿碧绿的，给人一种生机勃勃的感觉。店口及其附近养着许多的大大的蔷薇，一片粉嫩，随着轻柔的风飘过来的，还有淡淡的香味，夏米顿时觉得十分舒爽。花丛中立着一块黑色的牌匾，上面用白色的漆勾勒出"Coffee"的字样，牌子的右下角写着"懒猫时光咖啡馆"。

看着眼前的情景，夏米忍不住勾起了嘴角，这里的一切好像都没有改变呢。有关从前的回忆便在夏米的脑海中纷飞起来。

这是一位很有趣的女孩儿哦

那年，夏米高二。

那天午后，阳光很好。写作业写得发倦的夏米便决定出门放松一下。没过多久，她便发现了一家很独特的咖啡馆。墙上绿油油的爬山虎和屋外养着的娇羞蔷薇都让夏米产生了莫名的好感，好奇的她忍不住推开店口的木框玻璃门，想要一探究竟。随着夏米的动作，门边发出一阵清脆悦耳的响声。她抬头，发现门上挂着一串小小的彩色贝壳风铃，摇起来很可爱。

坐在柜台边的是一位白衣女孩儿，她闻声抬起头，对着夏米露出一抹明净的笑容，秀气的她一如屋外美好的蔷薇。

夏米环顾四周，发现屋内和屋外一样，有着许许多多大大小小的植物，一片清新的绿。餐桌是由玻璃制成的，椅子则是木制的，窗户和店门一样是木框玻璃的，很协调，望着倒也赏心悦目。可能是由于午后的缘故吧，店里一位客人也没有，安安静静的。爬山虎，蔷薇，风铃还有女孩儿，夏米突然很喜欢这里。

找了一处坐下，女孩儿没多久就端来一杯咖啡，很小心的放在夏米面前。自己则在她前方坐下，轻轻地说："这是家刚开业不久的店。我想询问一下您是否有一些好的建议来改进这家店呢？"

夏米看着女孩儿认真的眸子，沉思了一会儿，小声说："这里可以养一只猫。"

"猫？"

"是的，猫。这家店很美好，像虚幻的。而猫本身就是一种让人捉摸不透的动物，两者配合起来可能会更好……"

可能是志趣相投吧，两个人索性就开始谈天说地了。

后来，风铃又响了。走进来一位翩翩少年。逆着光，看不太清楚，只知道高高瘦瘦的。而女孩儿则站起来，对男孩儿招手，"林依，这里。这儿有一个很有趣的女孩儿哦。"

你好，我叫林依

随着少年的走近，夏米发现秀气的他倒与女孩儿有几番相似。

"你好，我叫林沫，是这里的老板。这是我弟弟林依。"女孩儿拉着少年，很开心的介绍。

"你好啊，我是林依。"男孩儿很阳光地笑着，大大方方地说。

那一刻，夏米觉得自己的整个世界都亮了。傻傻地盯着男孩儿看了许久。好像是察觉到自己的失礼吧，夏米赶忙移开了目光，"哦，你们好，我叫夏米。"

后来，夏米总是在高中快节奏的生活中努力地挤出时间往咖啡馆跑。一来二去的，三个人也打得很熟了，然后夏米就了解到林依是和她同校同级不同班的校友了。

而林沫也真的收养了一只小黑猫，特别可爱，取名为"咖啡"。咖啡馆的名字也就顺理成章地变成了"懒猫时光咖啡馆"。

林依的学习很棒，尤其是数学。很多时候，夏米坐在林依的旁边写作业，看着他解题的惊人速度，想死的心都有了。而林依也是一个很贴心的暖男，每每看着夏米与简单的题目死磕的时候，都会用很无奈的眼神看着她，接着便十分耐心地为她讲解。而可爱的夏米更多的时候则喜欢一边听着他富含磁性的声音，一边盯着他俊逸的脸浮想联翩，然后很呆很傻地笑。可无论林依提醒多少遍，夏米这个坏习惯是始终都改不了。

后来，林依对夏米的评价是这样的，"她呀，简直就是傻得无药可救。"

还好有你在

那天也是一个风轻云淡的午后，夏米照常来到咖啡馆，推开门。坐在餐桌旁复习的林依抬起头，对着她慵懒一笑，很随意的一句"来啦"也让夏米开心了很久。

她弯下腰，逗着咖啡玩。随着时间的推移，比起刚来的时候，咖啡已经长大了不少，渐渐也和夏米混熟了。它很喜欢用自己湿暖的小舌头舔着夏米的手指，小咖啡可爱的模样经常把夏米逗得咯咯直笑。

然而今天的咖啡有点儿安静的过分，但夏米也没介意。站起身，拍拍手，环顾四周，发现林沫好似不在店里。"林沫呢？"她一边问着一边走到林依的对面，放下书包拿出书本，准备学习。

"姐姐啊，最近又学会了一些新甜点的做法，今天忙着在外面买材料呢。"林依说。夏米点点头，打开书，仔细地看了起来。

午后柔和的阳光透过玻璃窗丝丝缕缕地洒下，像灯光一般打在两人身上，很温暖，也很协调。

过了很久，夏米伸了个大懒腰，起身打算去倒杯水。然而她很快发现，此时的咖啡正很无力地趴在门边，眼皮搭着，时不时地作呕。

"哎，林依，你过来啊。咖啡好像生病了。"夏米慌张地对着不远处的他大喊。

林依快速跑过来，摸了摸咖啡的额头，有点儿烫。也许是受到了抚摸的缘故吧，小咖啡无力地睁开眼，小声地叫了一声。软绵绵地"喵"叫直敲夏米的心底，看着它这样，夏米也怪心疼的。

"要不送它去医院看看吧。"林依紧皱着眉，看着夏米，提议道。

"嗯，好。"说着，夏米便把咖啡抱在怀里，很轻地走到门外。而林依把门锁好后，两人也并肩向宠物医院走去。一路上，谁也没说话，只是一个劲儿地盯着咖啡。

等到一切都办好后，太阳已经下山了。医生说咖啡是食物中毒了，不太严重，但最好还是要把它放在医院里观察一晚。林依和夏米在夕阳的光辉中并肩走着，此时的夏米已经没有了对咖啡的担忧，只剩下满心的激动，好幸福哇，能和帅哥走在一起呢。夏米忍不住笑了，嘴角都快扯到耳根了。林依看着她笑的莫名其妙，良久，才挠挠头，感激地开口道："额，还好有你在，不然我都不知道该怎么办了。"

夏米停下前进的脚步，看着转过头来林依俊逸的脸庞，不知道阳光是不是太温暖了，夏米的脸竟一下红了。她低下头，摆摆手，"哈哈哈哈哈哈，没关系啦，我也很担心小咖啡。哈哈。"说完，她加快速度，向着前方跑去。

她跑什么？此时，林依的心中充满了疑问。唉，算了，谁让夏米是个神经大条的姑娘呢。他只得加快步伐，跟着夏米。

再也不理他了

很快，夏米和林依都升高三了。开学的时候，夏米觉得自己特幸运，当然是从林依踏进她所在的班级的时候。顿时，夏米心中的花都开了，要不是教室里人多，她早想仰天大笑三声再喊句"天助我也"。

没过多久，老师开始报名说："第一名，林依……"林依？哪个林依？难不成班里有两个人叫林依。她仔细地听老师的声音，却再也没有听到第二个林依出现。夏米吓着了。下课之后，她火速奔向教师前门贴的分数表，不看还好，看了之后，夏米彻底傻了。林依那家伙数理化几乎是全满分。望着比自己高好几个档次的分数，她简直是欲哭无泪。

她郁闷地看着正坐在座位上安心转笔的少年，气不打一处来，便下定决心从此不再理他。可能是感觉到她伤心的眼神吧，林依抬起头，发现她怨妇似的样子就笑弯了眸。笑你个大头鬼，夏米华丽丽地送给了他一双大白眼。

夏米这孩子绝对是说到做到，整整一个礼拜也没有和林依说一句话。既因为是夏米心里憋屈，更因为高三快节

懒猫咖啡馆的旧时光

奏的生活彻底压弯了她的腰，想去找林依也挤不出时间。

又是一个星期天，当夏米对着自己面前空白的试卷打完第十六个哈欠的时候，终于受不了了，决定去咖啡馆搬救星。

我相信你可以的

"好林依，乖林依，帅气的林依，棒棒的林依……算姐姐求你了好不好，把试卷借我看一下吧，就一下下。要不明天我完了，呜呜呜……"

咖啡馆里，夏米泪眼汪汪地望着林依，拉着他摇摇晃晃，愣是用完了一生的精力对他威逼利诱，卖萌示威。

在之前夏米到达咖啡馆的时候，林依的作业已经是基本上完成了。她只得目瞪口呆地望着摊在自己面前写的密密麻麻的试卷，顿时觉得自己今生无望了。为了明天能够交差，夏米便在咖啡馆里上演了这么一场戏。

但林依是说什么也不答应。他支着头，面无表情地盯着面前几欲发疯的女子，淡定地说："不好，自己的事情自己做。对吧，咖啡。"说着，就把自己手里的小饼干丢在咖啡面前。最后，小咖啡一声喜悦的"喵"彻底让夏米失去了活下去的希望。

后来，在夏米一哭二闹三上吊的央求下，林依也只是答应可以在夏米遇到不会的题目的时候稍微提醒一下。

而咖啡馆老板林沫是自始至终微笑着看着他们两，丝毫不觉得烦。

　　待夏米完成任务的时候，已经是华灯初上了。林沫认为时间晚了，店的位置又很偏僻，便一再要求林依把夏米送回家去。

　　一路上，夏米嘟着嘴，差点儿没把林依的祖宗十八代都问候一遍，真没想到，他长得一表人才，却是个见死不救的主，气呼呼的一句话也不说。林依看着她气急败坏的模样，也就笑笑。

　　到家之后，夏米的"谢谢，再见"啥也没说，拍拍腿就想走人。

　　"哎，夏米。"林依在身后喊。

　　"干什么？"夏米没好气地回答。

　　"还有一年，我们一起努力，去同一个地方上大学好不好？我想你可以的。"

　　这算是帅哥的邀约吗？夏米吓着了，小心脏"扑通扑通"的，显然是没想到小帅哥会这么说。

　　林依看着她傻傻的模样，心里着觉得有十万只羊驼奔腾而过。唉，只不过是想鼓励下她，这丫头片子，不知道又在乱想什么呢。无奈，只得转身离开。

　　过了好一会儿，夏米才反应过来，对着他挺拔的身影大喊："知道啦，我会努力的。"

　　下一秒，夏米背后的门"啪"的一声开了。夏妈蹦出来，一手提着夏米的耳朵，一手插着腰，"死丫头，跑哪儿去了，现在才回来。"那姿态，那嗓门儿还真有些泼妇的样子。

"啊啊啊，疼疼，妈，轻点儿……"夏米疼得眼泪直往外掉，大声求饶。

林依听着身后的动静，终于是忍不住笑了出来。

嗯，我一定会努力的

整个高三一年，枯燥又紧张的生活常常让夏米想要放弃。而这期间唯一的乐趣，就是每个周日她在咖啡馆与林依打打闹闹的时光。林依对夏米很负责，只要夏米有不理解的题目，他铁定是尽心尽力地当她老师。夏米犯傻的时候很呆，有时候林依急得就想研究下夏米的脑袋里装的是不是糨糊，但安静下来之后，也只得把理由重复一遍又一遍。

后来，林依看着夏米直线上升的成绩，心中那个自豪啊。曾经他很臭屁地对夏米说："唉，有我教你，害怕考不上大学，我这潜质不当老师真是浪费啊。"夏米顿时一脸黑线，但又怕把他惹生气了不帮自己，也就只能把鄙视的话往心里憋。

很快，到了高考前夕。学校担心学生太紧张会影响发挥，就专门放了两天假。那两天，林依和夏米整天混在一起。游乐场，电影院，大大小小的公园，游戏厅……两天来他们几乎把能玩的都玩了个遍，彻彻底底地放松了心情。

高考前一天的傍晚，林依送夏米回家，结果一路沉默。到了夏米家楼下，林依终于开口了，满眼的期待，"夏米，加油。我们去同一个地方读大学，好吗？"

这次夏米终于没有再犯傻了，对他绽放出了一个大大的笑容，"嗯，放心，我一定会努力的。那，你也加油吧。"

得到满意的回答后，林依很开心地回家了。夏米望着愈走愈远的背影，忍不住勾起了嘴角，真好呢，在这段时光里能够有你的陪伴。

再　见

夏米和林依终究是没有在同一个地方上学。夏米被上海一所不错的大学录取了，而林依，则是去了北京一所名牌大学。分别的那天，两个人什么也没多说，只是在离开的时候，互相道了再见。后来，他们平日里靠着电话和短信的联络，关系到也是不温不火。

"喵"，一声弱弱的猫叫生生地把夏米拉回了现实。"啊，咖啡，"她尖叫一声，冲过去把咖啡抱在怀里，

"好久不见呀，长这么大了。"如今的咖啡，已经变成了一只英俊的大公猫了，浑身散发着独特的魅力。

将咖啡放下，夏米推门而入。站在柜台边的少男少女抬起头来，冲她一笑。

"欢迎回来，夏米。"少年微笑着开口。

想爱你下一个十二年

安娜苏

是谁沉溺在回忆里不肯抬头

合肥的四月被大雨困住，我撑着伞打车到万达广场，等着和老友会面与她吃她离开这个城市前的最后一餐饭。

因为非周末的缘故，三层美食街的店铺大多食客寥寥，我们围绕着她被分手这件事聊开了，她一直眼泛泪光，我想开口安慰，又觉惨痛的结局已定，说再多也是无用。

回过头，看见托卡斯餐厅的招牌被暖黄的灯光包裹着，一瞬间脚步像是被粘住，无法向前挪动一步。

"我跟Y来过这里吃饭，前年六月吧，他还给我买了一件开衫外套。"

话脱口而出，我自己也被吓了一跳，和往事隔开那么远的距离了，我竟然记得所有细枝末节。

朋友看着一脸怅然的我，追问："那你跟Y还联系吗？"

我摇摇头，手指着万达广场西北方向的包河公园，淡淡地回答："最后一次见面，大概是十个月前，我们在公园找到一张座椅，花了一整个下午的时间。然后背着一包啤酒，边走边喝，走到六安路和蒙城路交叉口，就挥手再见啦！"

"所以，你不喜欢Y了吧，从十六岁开始做的梦彻底破灭了吧？"

朋友咄咄逼人的架势，让我手心冒出一层细密的汗，支支吾吾了半天，也答不上来。

如果你没有从窗外走过

2008年的夏天，合肥新桥机场尚未破土动工，主干道也只有长江路一条，高架桥和地铁仍停留在图纸上。

我和Y都十六岁，因为中考不算理想的成绩，只能选择在二中就读，他在我隔壁的二班，两人之间零交点。

直至那个惹人沉醉的午后到来，一波女生聚众讨论八卦，我坐在她们身后看书，心底偷偷惊叹着开学不过一周的时间，她们怎么就掌握了这么多秘密。

特别是提到Y这个名字时，那几个女生简直要跳起来，满脸通红兴奋不已。我终于按捺不住好奇心，大声地问："Y是谁呀，长得好看吗？"

Y的身影不早不迟地出现，所有人都噤声，手指着窗外，用唇语说着就是他。

"喂，你敢不敢追他？"

Y的背影消失在走廊尽头后，女生们又恢复先前的肆无忌惮，向我扔来一个炸弹。

大概年轻，就是有一颗不肯媚俗的心吧，我表面上说着谁稀罕那种类型哦，背地里却开始搜罗好看的信纸，一笔一画地描摹着少女心事，等待着合适的时机出现，递到他手中。

我甚至打听到Y家住劳动村，而我家住在东七里站，一北一东的两个地点，根本没机会坐同一辆公交车。于是，每天都会绕远路，提前在电力公司站下车，假装无意地等Y出现，再偷偷尾随他走进校园。

十六岁的喜欢，清浅得像天边的一颗星，即使跳起来也无法触碰，但只要你一直停在那里，我抬头看得见你，就足以温暖整颗心。

那条路想和你走上一万遍

第十九封信送出后，Y终于来找我了，在阳光明媚的午后。我揉揉疲倦的眼，看到身穿蓝色条纹衬衫的少年，背对着我趴在栏杆上，我心如擂鼓地走过去，犹疑地轻拍他的肩膀，他转过头来，嘴角绽放出笑容。

我的心情霎时像容祖儿歌里唱到的那样，那十秒，灵魂大概已卖掉。

两个人谁都没有主动提写信的事，反而熟稔得像老友，他开门见山地问我："明天陪我去邵氏电脑城吧？"

从小被教育女孩子应该矜持，但一句"好啊"已经先于我的理智说出来了，他转身折返回教室，像是不放心似地又重复道："吃完午饭后，我就来找你，等我，哪儿都别去！"

满腔少女心的我，被这样的口吻牢牢吸引住，醉卧他这温柔乡里。

那一年的曙光路，还是一条藏在深巷无人知的破败小道，除了路两旁栽满高大的泡桐，其他的一切都让人不愿多看一眼。城中村般的民房，油腻腻的早餐铺，修车铺前乱放的旧轮胎，我每从这里走一遍，都觉得危机四伏，脚步匆匆。

Y却对这里情有独钟，他饶有兴致地打量着四周，说喜欢这样不被人打扰的安静闭塞。我们之间的情谊，也是在这条路上一点点加深的。

印象中有一个下着瓢泼大雨的3月14号，我陪Y去理发，半途中两个人嬉笑打闹，他故意把雨伞撑得老高，我只能把头埋进他的外套躲雨。一路未碰见其他人，两个人的笑声，洒满了整条曙光路。

但谁也没想到的是，2014年这条小路不再安静如初，政府大刀阔斧地将其改建，立志要打造一个合肥版的田子坊。从前有碍观瞻的小店全部拆除，换为清一色的西餐厅、手作坊和小书店，曙光路陡然间成为文青们聚集的场所。

我后知后觉地到了2015年末才前去探访，在巷尾的一间小酒吧喝得烂醉，同行的男友问我为何畅饮后心情仍不痛快。我红着眼睛蹲在泡桐树下呕吐，他一下一下地轻拍着我的背，我决定把心咳碎了，也要守住我们隐秘的往日时光。

可否再搀扶我一段

回到高中阶段，回到Y动身前往意大利的秋天，我们所有共同认识的人都知道我喜欢他，但所有人都劝我要放弃。执拗的我不肯听，总觉得霎时花火比不上站在身后的温情陪伴，万一有一天，他被我感动了呢。

我们活动的范围不断扩大，Y偏爱去女人街买流行歌手的唱片，我则喜欢街对面的二手书店，两个人一拍即合地频繁前来，逛了一大圈后心满意足地回学校。彼时，三孝口的那座天桥还在，每一回我都要赖闭上眼，闹着自己是盲人，非要Y搀扶着我走完长长的楼梯。

用尽了一切小伎俩，和心仪的少年慢慢靠近，闻着他衣领发梢的味道，感受他的体温，即使眼前一片黑暗仍无惧无畏。

那天像往常一样，我们嘻嘻哈哈回到学校，走进教室前，Y忽然拉住我，一脸严肃地说："我要去意大利做十个月的交换生了，手续办好了，下个月走。"

一瞬间我怔在原地，觉得他在开玩笑，于是推了一下他的肩头。Y反手把我拉得更紧，他的表情，让我一下子笑不出来。

"那你一开始申请的时候，怎么不问问我的意见？"

气急败坏的我，在话音落地后，就觉得冒失，说了声"对不起"，便红了眼眶。

"不过，也就十个月而已，一眨眼就过去了，等你回来还可以继续愉快地玩耍嘛。"

但我没想到的是，这十个月里，我的生活发生了翻天覆地的变化。

想起你来，就愿意忍受这世间的一切

2010年的十一黄金周，我哪里也没去，在家哭了整整七天，因为妈妈被确诊直肠癌晚期，在省医院接受治疗。

医生遗憾地告诉我们，因为错过了最佳治疗期，所以不建议放化疗，只能打些营养液，来维持生命，保证基本的生活。

我想把这一切告诉Y，但我们之间隔着七个小时的时差，他的头像一直黑着，我发出的邮件在半个月后，才得到回复。

那段日子，我几乎要踏平了宿州路，因为每天去医院看妈妈，都要穿过一整条熙熙攘攘的步行街，沿着宿州路走到尽头，就是省立医院高高的病房楼。

生活里像埋了一颗定时炸弹，你知道它会炸，又不知道是什么时候，所以日夜心都提防着，生怕接到那通电话。

有一晚我从医院回家，从长江中路走到长江东路，街道两旁熟悉的楼群，让我想起初次抵达合肥的2004年，那么多的眼泪和欢笑都没有登场，我还可以没心没肺地做个任性的姑娘。

而如今，一切都变了，命运的这双大手翻云覆雨，而我只能被动地承受这一切。

所有的担心恐惧，最终都成了现实，妈妈在翌年五月离世，Y七月回国，重逢的第一面，我哽咽着握着他的手，觉得心中山雨欲来，到了嘴边，却是云淡风轻的一句好久不见。

不可避免地有了隔阂差异，像是头发长到一定程度就会开叉，我们做不回从前那样的朋友，于是日渐疏离。

世间始终你最好

我成了Y的学姐，他坐在楼下一层的教室，我早一年高考，进入到一所差强人意的学校，尔后早早出来工作，开始了漂泊的生活。

午夜梦回，也常常奢望有时光机器，能让我穿梭回去，见见妈妈或者做回孩子，哪怕只有片刻，让我暂时甩掉身上沉重的包袱。

2016年5月，妈妈去世六周年，我们一家人搬到合肥的第十二年，我的第二个本命年。某一个寻常的中午，我和爸爸坐着吃午饭，聊起这些年我们生活里的变化，忍不住重重地叹口气。我转身抹泪，又看见照片里的妈妈，一脸笑容地站在灿烂的阳光里。

见过上海的繁华美丽，也在义乌的拥挤里尝过孤独，绕了一大圈后回到合肥，发现只有这里才让我心安。因为哭过笑过失去过，也曾见过神迹降临，下一个十二年开始了，我要把根深深扎进这片曾经渴望逃离，如今却想紧紧相依的土地里。

你的笑容照亮未来

有一个太阳叫杜弯弯

翁翁不倒

1

开学当天，当所有家长都忙着给自己孩子搬行李布置宿舍的时候，杜弯弯和妈妈正在校长室里。妈妈是来给杜弯弯申请走读的。

"那您得给我一个原因。"校长坐在办公桌后说。

杜弯弯站在一边听他们讲话，眼睛不时瞄向窗外。忽然，杜弯弯的眼珠子停止了转动，一个人影映在她的瞳孔上，一步步走近。

是严子琰。

一瞬间，其他的所有都成了背景，杜弯弯听不见操场上学生和家长的沸反盈天，只有严子琰的脚步声，一步一步，轻轻踏在杜弯弯的心上。然后，她听到了敲门声，严子琰礼貌地问了一句："我可以进来吗？"

……

杜弯弯和妈妈走出校长室后，杜弯弯回头看了看，窗内严子琰背对着她，看不见表情。

他也是来申请走读的吗？

不知道以后有没有机会一起上学呢？

想到这里，杜弯弯有点儿开心。

2

在杜弯弯的百般哀求下，妈妈终于从舅舅家弄来了一辆自行车，淡粉色，车身有着点点锈迹。已经很好了，杜弯弯想，至少比妈妈的大块头好多了。

杜弯弯现在每天都骑着车上学，家离学校有点儿远，一到夏天，二十分钟的路程足以让杜弯弯汗流浃背。但是她还是觉得很开心，因为她发现严子琰真的是走读生，还和自己同路。

每天早上她出门，总能看到严子琰从另一方向缓缓驶来，嗯，很帅！

严子琰当然不只长得帅，成绩也帅。

杜弯弯从小学三年级开始就和他同校，几乎是听着他的光辉事迹长大的，初中时有机会做过同桌，害得杜弯弯一整晚没睡好觉，开心得不得了。即使一整个学期下来两人几乎没说过话，因为杜弯弯实在不好意思承认当时的座位安排是按"同学之间互帮互助，第一搭倒一"的规则。

3

杜弯弯今天依旧准时出门，绕过一个路口，正好赶上严子琰。

他在前，她在后，隔着一米的距离，这还是杜弯弯努力蹬车才保持的距离，严子琰的车是时下新款，跑得也快，和她的比起来，她的可以直接送去回收站了。不过即使一身汗，杜弯弯还是很享受这个过程的，如果没有人来打扰的话。

是颜朗。因为很快，她就听到背后传来某个欠揍的人的声音，"早上好啊！"

愣神之际，严子琰已经远去了。

她叹息一声，回头看罪魁祸首，颜朗用一口白牙回她。

颜朗是第三个走读生，也是杜弯弯最讨厌的人，从小学三年级开始，杜弯弯就一直和颜朗同桌，或许也是因为如此，和严子琰的唯一一次同桌才显得如此珍贵。和所有男生欺负女生的伎俩一样，放毛毛虫，扯头发，掀裙子，颜朗无恶不作。杜弯弯讨厌极了。

但自从上了高中，颜朗就像变了一个人一样，杜弯弯也只当他是突然开窍要好好学习了。她的关注点并不在他身上。

4

今天的杜弯弯不敢离严子琰太近，因为她骑的是妈妈的大块头，要不是她的单车坏了，她一点儿都不想骑。那种八十年代笨重的老式单车，因为车身生锈，骑起来整只嘎吱嘎吱响，车子零件也早已松了，一颠起来好像整辆都要散架了。

尽管她离他远远的，她还是在看到严子琰侧脸微扬起的弧度时，觉得他一定是在笑自己。

他就像个巨大的磁场，杜弯弯是颗小磁铁，无可抑制地想要向他靠近。而越靠近，她心里的自卑感就越强烈，杜弯弯无处宣泄，最后只是深深地叹息。

5

如果不是那件事，估计杜弯弯还会继续暗恋严子琰，很久很久。

那天放学，严子琰并没有走平时回家的那条路，杜弯弯好奇心爆棚，骑着快要解体的大块头也跟着换了路线，一路上小石子硌得车子颠来颠去，杜弯弯感觉它即将报废了。

眼看着严子琰越骑越快，她一心急，硬是想跨过一个斜率颇大的小山丘，然后悲剧发生了，杜弯弯车头一歪，整个人连着车翻倒在地，杜弯弯的手心被地面蹭破了，很痛。

她以为严子琰听到了动静会回头朝她伸出手，就像童话里的王子一样。

可是严子琰只是回头淡淡瞥了她一眼，然后冷笑一声，扬长而去。

杜弯弯呆坐在原地，欲哭无泪。

这时颜朗不知道从什么地方冒了出来。

那天杜弯弯哭得很伤心，问颜朗："你说为什么王子不是王子呢？"

颜朗别开脸，看江面波光粼粼，"不知道。"杜弯弯也看，看天空繁星闪闪，最后她想起一件事，"今天你怎么会出现在那里？"

颜朗没理她，自顾自开单车锁，拍拍车后座，"上来吧，送你回家！"

那天晚上，颜朗在自己的日记本里写："就像你不知道为什么要一直跟着他一样，我也不知道为什么我要一直跟着你。你就像一个小太阳，而我是一株向日葵。"

6

杜弯弯一直没什么爱好，也不敢有什么爱好，爱好都烧钱。唯一有的大概是写日记的习惯。在遇到严子琰之前，她写"今天在路上掉了五毛钱，好难过，回家又要被妈妈骂了！""同桌考了好高的分数，我怎么会考得那么差呢？""颜朗那个大白痴竟然连炒饭都不会做！"

而在遇到他之后，她的内容变成了"今天学校捐款，子琰捐了一百块，我也捐了二十元。""这次月考进步了五十名，好棒！""为了子琰，我要更加努力！加油加油加油！"

这些变化，可能杜弯弯自己都没有察觉。

这天晚上，杜弯弯也打开了自己的日记本，想了很久，一字一句地写下："我是一只丑小鸭，丑小鸭没有爱情。"

7

颜朗有个故事，关于他为什么会在高中改邪归正的故事。这件事还和杜弯弯有关。因为父母经常早出晚归，一起说话的时间寥寥无几，颜朗在初一那年变坏了，杜弯弯就是那个倒霉的人，每次杜弯弯跟老师报告他的光荣事迹，他的头总是昂得很高，是的，颜朗感觉自己被重视了。于是他越发喜欢恶作剧，杜弯弯的脸也越来越黑。

有一次他特别生气地把杜弯弯很宝贝的一支钢笔摔了，还故意打翻一大瓶墨水，淌得到处都是，然后他跑了出去。那天他是真的很难过，才会失控。只是没想到中午回教室后，发现自己的桌子干干净净，没有丝毫墨水的痕迹。本来他以为杜弯弯会趁机报复他，却没有。后来杜弯弯来的时候，还特地问他有什么事吗，有事可以跟她讲讲，那一刻，杜弯弯在颜朗心中变成了一颗小太阳，暖暖的。他也想变成像杜弯弯一样的人去温暖别人。于是有了后面的场景，于是少年的心里住了一个人，于是有些事情颜朗自己也无法解释为什么。颜朗觉得，这大概就是爱情吧，虽然有点儿莫名其妙。

8

可是，亲爱的那并不是爱情啊，不过是我想要的你恰好都有，于是你就成了我的理想，理想让我成为一个更优秀的人，而这些，都与爱情无关啊。

江淮以南无桑竹

八　蟹

1

十七岁，高二。

苏桑竹越来越熟悉夜晚十点校园的气息。

已经是可以穿短袖的季节，苏桑竹还穿着闷热的长袖校服，把自己裹得严严实实的。她说怕晒黑，别人说怕什么，反正也不白。她没有说话。

十七岁的苏桑竹有点儿古怪，总是很多心事的样子。上课常常走神，老师喊她："桑竹，回答一下这个问题。她的魂魄才回到身体，然后愣愣地反应，哈？"

"窗外的风景真的很好。"老师微笑。苏桑竹垂下眼眸，很小声地说了一句："我也觉得呢。"

她独来独往，偶尔路上碰到同学客气地回应招呼，也会笑，就是笑得有点儿……尴尬。

这样的苏桑竹，长相不算出众，成绩平平，家境一般，活生生普通女孩子的标本。

对学习不上心的苏桑竹在高二下学期尾声的某个深夜里惊醒，一身冷汗。她做了一个梦，梦里是高考，卷子发下来，她满眼望去全不会做，铃声响的时候她求老师再给她一点儿时间。可是老师无情地抽走了试卷。

凌晨三点，苏桑竹用冷水洗了脸，彻底清醒了。

2

她开始好好学习。

这是个缓慢的过程，上课还是会走神，每当走神她就会用手掌拍打自己的脸，一上午结束，脸就这么被拍红了。

中午不回家吃饭可以节省很多时间，虽然趴在课桌上睡觉有点儿不舒服，久了也习惯了。累的时候就到走廊站着，教学楼一侧有一棵很大的树，也不知道是什么树，反正叶子很绿很绿，开得很繁盛。每次看到那棵树桑竹都觉得开心，会发自内心的微笑。

难得的笑呢。

晚自习九点十五分结束，在学校学习的效率很高，所以她总是到学校教学楼快十点要熄灯才收拾书包回家，有时也会点个小台灯和那些寄宿生一样安静地在教室里再学习一会儿。

学校晚上十点三十分才关大门，但那天很奇怪，当苏桑竹十点走到校门口时门是紧闭的。她走近，保安亭灯是亮的，但是没有人。

她一个人站在校门口，静静地等着保安来。

那天好像是天气不好的原因，初中部的晚自习取消。十点的时候校园已经很空旷了，她就站在那里快三分钟了都没有人来，保安也没有，学生也没有。

终于听到脚步声，本能回过头，看见穿着清凉夏天校服的三个男孩子走过来。苏桑竹皱了皱眉头，两个走姿很痞子样，三个都没背书包。

三个男孩子走到门口看到大门紧闭，保安又不在，其中一个骂了句脏话，然后说，翻墙走吧。另外两个点头表示同意，于是朝着操场那边走。

整个过程苏桑竹都没有改变站姿，手放在口袋里，眼睛一直注视着小门，只是在听到男孩子们离开的脚步时还是有些失望地低下头看着地面。

又要只剩她一个人等了。

江淮停了脚步，他转过身看了一眼苏桑竹，女生头低低的，手从口袋里拿出来抓着两根书包带，很沉默很沉默。

犹豫了一下，他还是说话了："哎，你要不要跟我们一起走？"

苏桑竹听到声音便侧过头看见江淮。男生重复了一遍："要不要一起走，我们从操场那边的墙翻出去，不会很高。"男孩子高高瘦瘦，风吹过去，白色校服都在飘。

苏桑竹迟疑的时候走在前头的两个男生叫江淮快点儿跟上。往前蹭了那么一点儿的步子迅速收了回来，然后摇了摇头说不用了。

江淮若有所思地点了点头，转身跟上前面男生的速度。

奇怪的女生就站在门口傻等，也不知道回教室去问问寄宿的同学们。也是，好像也没什么用，都不熟，平时主动开口交谈都有点儿艰难。

过了不知道多久，看见大门外有人影走过，听见刚才的男孩子们的笑声和交谈声，她低着头紧皱眉头，嘲笑自己的愚蠢。

她听见急促的跑步声，一点点靠近自己。是刚才那个男生。

江淮跑得有点儿急，到女生身边的时候还在喘气。他说：走吧，我带你翻墙出去，谁知道保安什么时候回来，干等着没用的。

苏桑竹手突然用力地抓紧了书包背带，然后重重地点了点头。"好。"

跟在江淮的身后，发现原来他就是三个里唯一一个走姿不像瘸子的男生啊。走路的样子挺好看的，不像自己，摇摇晃晃，有点儿像企鹅。

翻墙的地点很隐秘，苏桑竹没想到学校还有这么一个地方，拨开一处草丛，看见了那个不算很高的墙。

不算很高……对苏桑竹这个小个子来说还是很高！

费了九牛二虎之力终于还是翻出了学校。

走到校门时听到了门开的声音。江淮和苏桑竹呆滞地看着被打开的校门，然后一两个学生从里面走了出来，校服干干净净。而他们两个却脏脏的样子。

有些无奈。苏桑竹突然"啊"了一下，吓到了一旁的江淮。江淮说你干吗。苏桑竹抬起头看他，"谢谢你。"有点儿姗姗来迟的谢谢呢。

好像没有笑，但是细看会发现嘴角是轻微上扬的。

昏黄的路灯映出了暧昧的色调。江淮看着苏桑竹，心跳漏了一拍。

分开只说了再见。连对方的名字也没有问。谁也没有。

3

还是十七岁，但已经升到了高三。

从南面的高二搬到了对面的高三的教室。还好，还能看见那棵树。

再没碰到过江淮。像是从生命里消失了一样，也可能是因为她不去寻找。在茫茫人海里，一个人要怎样的特别才能被一眼发现呢。她似乎没有多余的心思花在学习以外，只是偶尔还是会想起那个男生。

一转眼已是深冬。

平安夜那天校园里满是苹果的香味，埋头看书的苏桑竹突然觉得这种味道还是蛮清新的。

她没有收到苹果，和往常任何一个平安夜一样平常地度过。只是故事在晚自习结束后发生。

因为入冬，便不再太晚回家，和大部分学生回家的时间一样，在高峰期。收拾好书包，踏出教室，意外地发现那个男孩子站在门口，男生靠在走廊，看见桑竹便站直走向她。

"这个给你。"说着，江淮递给她一个小盒子。

很吃惊，还是在迟疑中接过了盒子。

"平安夜快乐！"江淮咧开嘴笑，牙齿很白，笑得很好看。然后又话锋一转，"我先走咯，拜拜。"

说得很快，走得也很快，桑竹一句话都没来得及说。没来得及问，这是什么。没来得及说，谢谢你。

回到家，小心翼翼地打开盒子。

银白色，一片片，一角一角的硬币，总共二十四个。

听过那种说法，"12月24日是平安夜，收集二十四个不同姓氏的硬币可以幸福平安，用这些硬币买一个苹果送给别人表示希望对方幸福。"

还有一张纸条：

> 听说苹果打蜡很严重，而且硬币的保存时间比较久，所以就没买苹果啦。二十四个硬币送给你，希望你平安喜乐。

不是很好看的字，但看得出是很认真写的，一笔一画。

桑竹趴在桌上呆呆地看着那些硬币，心里好多感触，混在一起，说不清白其中的任何一种。

连署名都没有，只能叫他"带我翻墙出学校的男生"。不过现在称谓可以换了。

那个在平安夜送了我二十四个硬币的男生。

4

桑竹的成绩一直在进步。性格似乎也在不知不觉间开朗了。

她不再那么木，看起来不再那么高冷。为什么呢，她也不知道，也许成长到某一阶段，身体的积极分子才会出来和世界约会吧。

第二次省检，她上了排名榜。第十名。

这是她拿过的最好的成绩，虽然学校不算好，年级学生也没有特别多，但是她确实上升了很多，这是不容置疑的。

上排名榜的学生都要拍照片，然后集合在一起做成榜单张贴在大门一进来就能看到的很显眼的墙上，应该算是对学生的肯定和表扬吧。

苏桑竹这次照片拍得比以往任何一次都好看。是微笑的模样，齐刘海儿正好过眉，扎着乖巧的马尾。

榜单在墙上贴了很久桑竹每次走过也从不抬头看一眼，但是那个下午她还是止住了脚步，站在大大的榜单前仰头看着自己的照片。

在很久很久以前，她从来没有想过，原来有一天自己也可以站在那样的高度，一个可能别人需要仰望的高度。

"你这张照片拍得很好看呢。"说实话，太长时间没有听到这个声音，苏桑竹没有熟悉的感觉。所以当她看到江淮的时候她脸上呈现出了一个大写的惊讶。

男孩子笑的温和。桑竹也笑了。她笑着和他说："谢谢！"

男生看着照片里的苏桑竹，像是对身边的她说，又像是对着照片里的她说："名次也很靠前，你真的很棒。"

桑竹抬着头看身边的男孩子，还是问了出来："我还不知道你的名字呢，你叫什么？"

是桑竹粗心了吗，还是那时候她正好走神，又或者江淮隐藏住了。桑竹没有发现，在她问完这个问题后男孩子愣了一下，眼神也黯淡了下去。

"等我也上榜了你就知道啦。"这一次他笑起来有点儿像小孩子，用手指了指榜单。

"噢……上次的硬币谢谢你，我有保存着。"

他的每一次微笑好像都隐藏着很多情绪。男孩子挥挥手说了再见。

再见苏桑竹。

5

梅雨季节的南方，高考更近了。

苏桑竹最后一次见到江淮，就是在这样的季节，内心有些躁动，却又被室外的雨打湿了的季节。

她没有带伞，站在教学楼底下和所有学生一样，看着这场突如其来的暴雨。

男生拍了拍她的肩膀，她回头，对上他的笑容。觉得每一次见到他，他都变得越来越成熟……具体也说不上来，总之就是那样的感觉吧。

他晃了晃手里的伞说："我送你到你车子那里。"不拒绝他的好意，桑竹笑着说好。

江淮很细心，会提醒她脚下的积水，伞偏向她。但一路除了提醒以外也没有任何对话。

到了桑竹的电动车停的地方，他站在一边为她撑伞，她则打开电动车坐垫取出里面的雨衣然后穿好。车子要准备启动了，江淮站在车的旁边，突然叫她的名字。

苏桑竹。

她看他。眼睛睁得很大，似乎在等他说下一句。江淮看着眼前这个雨衣帽子没套好、刘海儿被雨水打湿、看起来有点儿傻里傻气的女生忽然宠溺地笑了。他伸出手帮她把帽子往前拉了拉。

雨水掉进她的眼睛里，眼前的男生变得模糊起来。"你叫什么？我想知道。"莫名其妙声音就哑了，听起来像带着哭腔。

身后有车子在按喇叭，桑竹挡路了。江淮说："我会上榜的啦，你不要担心，到时候你就知道我的名字了。苏桑竹高考加油啊。"

那一刻她的心里有好多好多话想说，她想说，你对我来说很特别。她想说，我觉得你很好。她想说，我怕以后见不到你。

可是最后她只在慌忙之中说了一句"谢谢你，真的"。

真的谢谢你。

6

很多故事最后从口中说出来都变成了，那时候。

成了过去。和江淮的那些零碎过往，还有有些灰白的高中时期，还有高考。

苏桑竹在离开高中前还是没能看到江淮的名字和照片出现在榜上。

她的高考成绩还算理想，虽然没有去成想去的学校，但最后进的学校也不错，在她梦寐的北方。

新生活很好，于是她的记忆一直刷新，旧回忆被搁置在旧时光里，落满灰。

大二的国庆她回家，又去学校怀旧的时候，看到了她下一届的高三生高考排名榜。

她终是看见了他，他终是履行了自己的诺言，出现在排名榜上，并且在非常靠前的位置。

他的名字，叫江淮。

原来是比自己小一届的学弟啊。她微笑，笑里又有失落。

一旁的两个女生看到江淮的照片很激动，"哇，江淮高考居然考这么好，竟然考到A大去了。""记得他以前又不爱读书又很爱玩呢""听说后来他喜欢上一个学姐，然后就洗心革面了哈哈，爱情的力量真伟大。"

那些细语全掉进了桑竹的耳朵里，她像那年仰望自己照片一样地仰望着江淮的照片。

她不知道女生们说的是否属实，也不知道自己是不是就是那个所谓的学姐。

可是，那一刻，她还是看着他的照片掉了眼泪。

为什么哭呢，她也不知道，就像江淮永远也不知道，那个雨天，他们分别后，苏桑竹边开车边落泪，眼泪和雨水混在一起，还有那一句始终难以说出口的话。

我不知道是因为什么，可是我好像喜欢你。

这句告白，只有雨声听见了。

7

江淮不会听见那句真心话，就像桑竹不会知道江淮对她的喜欢。

从看见她低着头沉默地站着时生出的怜悯，到在橘色路灯下映出她柔和的脸庞时他错乱了的心跳。

他就这样喜欢上她，一个有点儿冷，有点儿傻，有点儿萌的女生。

想要知道苏桑竹的信息并不难。但他还是在某个清晨站在校门边看着来往的人群直到看见桑竹缓慢走进校门然后走进了高二C班。

那时的他心情有点儿复杂，原来他们差了一级，而且自己还是学弟。

很快就升到了高二，苏桑竹上了高三，教室搬到了原来苏桑竹那届高二生待的教室。一次偶然留在学校吃饭的机会看见苏桑竹站在走廊眺望自己这面的风景。

他站在角落，看见桑竹望着那棵树，脸上有明显的笑意。女生笑起来让江淮觉得很温暖。

所以桑竹不会知道，他经常注视着她，他从来没有在她的世界里消失过，只是以一种安静的方式存在着。

平安夜没有买苹果而是直接送硬币，确实是因为纸条上写得那样的原因。盒子挑了她喜欢的绿色，小道消息应该准的。

还有那张字条，当要写那张字条时江淮才开始气愤自己的字怎么可以这么丑，也想过让人代笔，但觉得不妥，最后还是自己亲笔。一张又一张，总是不满意，他一开始写了很多，包括他的告白，可是写下了我喜欢你后，他对着字条出神了很久。

她高三了，得备战高考，和她说喜欢也许只是干扰她。

他删去了告白，也删去了自己的名字。

不能不说，江淮看见榜单上桑竹的照片和名次时愣住了。周围有小女生说那个叫苏桑竹的女生长得好看唉，而且居然考得还那么好。他第一次反应过来原来自己和她的差距不仅是一个年级上的层级差，还有成绩上，也有很大的差距。

桑竹因为一个梦而清醒，江淮在那一刻也忽然清醒了。

好像总是差那么一点点。当江淮看见高考榜上桑竹去的那所学校后便立志自己也要去那儿。可是好像总是差那么一点点。

总是差那么一点点，就一点点，仍旧改变了他们的命运。

母命难违，江淮把分数很高的A大放在了第一志愿，桑竹去的那所放在第二志愿。他那么笃定地相信，他会和她考去同一所学校，他可以去找她。当他站在她面前时，他再也不会觉得自卑，他变了，变得越来越好。

只是也许，从一开始就是错过的，所以到最后也终不能走到一起。

很久很久以后，当我们回首这段往事，会淡然地笑着释怀，也会感恩，因为她而醍醐灌顶。

他喜欢她，但不刻意靠近她。也许内心深处早已经明了两个人之间只会有回忆而不会有未来，所以能够忍住那么多的冲动。

也是后来我们才知道，原来那场大雨，收留的告白不止一份。

看着她远去的背影，他用不大不小的声音说：

"苏桑竹，我真的，很喜欢你。"

我抱你，像抱只猴

泪 安

1

程安出现在地铁站口的一霎，十二月的上海，忽然起了一阵能掀起江滩的风。

她在风里冷得哆哆嗦嗦，抽出兜里的手机，回想数时难寐的车程一路发射，把她从春光明媚送到了寒风刺骨。

她蜷缩着身躯，半蹲在马路边，把手藏进袖子露出两个指头戳着手机屏幕。

"你能看到我吗？我在豫园站三号出口。"

程安突然弹了起来，风呼的一声钻进衣领，左顾右盼直到那个人出现在五米开外。

她露出大白牙，乌漆墨黑的马路牙子边她摊开双手做拥抱状，还没等那个人靠近，便唰地一下冲了过去，团团抱住，像抱一只猴。

怀里的人僵着手臂阻挡，似要躲又怕用了力气硌着程安，彼时的程安简单穿了一件蕾丝轻衫，干瘦的程安仿佛只剩下骨头架子。

"你傻啊，不冷吗，已经十二月了还穿得这么少？"话余，他目光盯着她几乎暴露的手臂。

程安再一次听到徐卿的声音，已过二次发育，言语之间低沉，不似高中时的清灵。

"我们那儿不冷，在此之前，我不知道你这里冷。何况现在不冷。"程安龇牙挠头傻笑。

那时候的程安，没经思虑便当即出现在这座城。这里的风景和天气，都和自己原本的认知不一样。她套着身边人的外套，举起双手晃来晃去，朝着外滩边五光十色的霓虹大声喊："上海，我来啦。"

他侧身看着活泼过头的程安，寒风萧瑟，他把双手插进口袋，和所有匆匆而过的路人一样，畏惧江风。

"徐卿，我来了，我来看你来了。"程安的眸子里，是二十岁的徐卿。

是在他们最好的年纪，说说笑笑张牙舞爪都不用藏掖的年纪，她唯独把这句话藏了起来。

2

A中有四栋楼，一栋一个年级，蓝白房子中间隔着绿化林，一季落叶缤纷，就送走一届学子的高中光景。起初程安追着徐卿一层一层地跑，好不容易追到高二上学期同班了，想着毕业后追去某个城市落地生根，徐卿却因为高考失利留在了第四栋楼——复读。

那时候的A中，还没有长长的塑胶跑道，没有粉饰一新的教学楼。多年后再回望母校，总是在最初自己离开后才变得高大不同。再踏进母校的大门，似有来往同学招手笑约明天见。

"明天见，徐卿，你数学笔记要帮我抄一下。"

"好。"

"明天给我带早餐。"

"好。"

弯着眉眼儿的程安嘴里不停地嘟囔，身旁的徐卿每每只是应好，按惯例徐卿总是先送到程安家的巷子口下，摇摇手再见，听她一路喋喋不休而后再折身返回。待徐卿到家时，总要比放学时间晚上半个钟头。

日复一日，不约而同。只是路过的同学但凡调侃，不善言辞的徐卿总要跳出来澄清："她只是我的……"

噎了半天也不知道该怎么形容。

好吧。程安心想："管你呢！反正我老大哈哈。"

十八岁的程安，有个徐卿陪上陪下，这便足够。她知道自己是在乎徐卿的，至于徐卿如何看待这种在乎又有什么关系呢。

徐卿，我不怕你离我很远，我怕你装作心里没我。

3

木头凳子木头桌，桌面上刻满了历年学生无聊时的涂鸦，各种字符各有名堂，老式的吊扇吱吱呀呀，原本就昏昏欲睡的数学课，更是多了一道催眠曲。程安拿笔在桌面来回瞎抠，一边抠一边心想明天早上让徐卿带啥早餐。待下课铃响起的时候，桌面上却多出一个字母X。有阳光透过窗户口溢了进去，程安撑着下巴侧脸看窗户那边埋头写字的徐卿。脸部轮廓刚出一些棱角，发梢在光线里衬出金黄色，白白净净的脸蛋就像刚出锅的大肉包子。程安吞了吞口水，心想，那就吃包子吧。

"徐卿。明天我要吃包子。"

"好。嗯……为啥突然想吃包子？"

"包子好看呀。"日暮时分，程安抢过徐卿手里的书包，跳跃着进了巷子。

那一年，程安每周轮换座位的时候都要搬着桌子换位置，理由是书本太多，搬起来太费事。

那个桌子，那个时候的徐卿，看起来，都是属于程安的。一定是这样，她在心里暗暗发誓。

"师傅，请问下之前的那些桌子呢？"管理员从玻璃窗边探出脑袋，嘴里刚吃上一片冰西瓜，咂巴嘴望着眼前踩着小高跟的水灵姑娘。

"都暑假了小姑娘来这干啥，半天见不到个人。"管理员又大口咬了一个西瓜窟窿，歪过身子躺上摇椅吱吱呀呀。

沿着几排教室看过去都变成了多媒体教室，黑板也换成了推拉式，那些陈旧的桌椅设备更是全部更新配套，A中已然大变样。

管理员对程安的攀谈毫无兴致，她便一个人晃了晃想回原来的17班看一看，绕了半天，发现走到了复读楼。

楼面刷成了刺眼的红色，像一张大网，网住楼里人的鲜衣怒马少年时，只剩一座颤颤巍巍的独木桥。

这个夏天之前，徐卿都在楼里通宵达旦，恨不得吃喝拉撒都留在楼里，好剩下哪怕多一秒的时间来斗争第二次的高考。

4

在此之前的夏天都是什么样？

冰棍可乐配烤翅，两人一起偷着溜去水库里洗澡，骑着单车满城巷地转，为了一份小吃通身是汗烈日暴晒绕城半个下午最后还没吃上，天都黑了。

"徐卿，走吧别看书了，陪我去操场散步吧。"一张纸条落在徐卿的笔下。里面字迹熟悉，他侧脸望去，程安趴在课本上迎着他的目光痴痴望去，身体瘫软毫无生机。

徐卿思忖了一会儿，便合上课本朝程安使了个眼神，只见程安忽然两眼放光会心一笑。二人一前一后潜出教室。

再抬头时，早已没了令人困乏的白炽灯和纸墨味，是漫天星光和夏天特殊的草绿香。

"你怎么这么不学好呀，高三了也不好好读书，哈哈哈。"

程安枕着身边人的手臂，叽里咕噜说了一大通。两人并排躺在草坪里。盛夏夜，仿佛能看见满天星辉洒在身上。

"嗯，程安。"徐卿轻轻地念出她的名字。

"嗯？"

"哦。没事，就想叫叫你。"

那一年，夏天呼啸而过，踩疼了他们的青春尾巴。程安走了艺术生的路子去了不知名的二本。而徐卿，分数线刚达普通二本。被徐父视作晴天霹雳，一顿教训留下复读。

程安没能再追着徐卿一层层地跑，也更加没有想象中的追去同一个城市，他们之间隔了一个A中，却好像隔着铜墙铁壁难以穿透。

一个是张灯结彩宴请四方，一个是无人问津灰头土脸。

"小姑娘，你咋还在这儿呢，出去出去。"管理员大叔途经厕所扫了一眼傻站在展示栏前的程安问道。

程安一排排抠着名单表格，生怕错过想要找寻的内容。直至指尖搁着玻璃上，戳中那个人的名字——徐卿，上海交通大学。

思绪拉回现实，已然整整一年了。

依然如火的夏天，程安没了那个能枕着脑袋并躺的徐卿，而操场也全部换成了塑胶跑道。没了青草香，只是傍晚依旧会漫天星光。

那个夏天仿似昨天，高三的程安最常念叨的一句话是：徐卿，毕业后你去哪儿我也去哪儿。

偶尔打开过去翻几页，满满都是徐卿笑着点头应好的样子。

她从兜里掏出手机，刚好看见室友传来简讯。

"程安，开学我们去猴子园玩吧。"退出短讯的界面程安翻到徐卿的号码，按下了拨通键。只是还没嘟上两声便自行掐断了。

她收起手机，又大致地看了几眼母校，便匆匆走了出去。

5

徐卿刚刚收拾好一些高中课本资料准备卖给收废品的，歇下来就看见一个熟悉的未接号码。

徐父是军人出身，战友、同事的子女要么考上国防生要么进了名牌大学，从小品学兼优的徐卿去年高考遭遇滑铁卢让徐父整整一年如鲠在喉，好歹是今年录取通知书下来他才稍感欣慰。复读的这一年里，徐父几乎是掐断了所有徐卿的玩乐联系方式。手机也是刚刚才续号重新使用。

徐卿坐下来深呼了一口气。回拨过去，用户正忙。

整整一年，都未曾和程安有丝毫联系，甚至没来得及参加程安去年的升学宴，年少的徐卿心里装满了那个女生，那样深切的在乎甚至自己也说不上用怎样的名义才好。爱侣太过，兄妹又太俗，朋友太浅，知己又太客套。只是这一年数理化英连番来袭，就连梦里也都是几何图形里移动的P点。再也无暇思虑其他只能作罢。每当那些字符从脑子里匆匆跑过一次，合上眼，墙上的倒计时又近了一分。疲惫作战下的一学期，倒好像青灯古佛过了一生。从此了却了红尘。

徐卿合上手机。也罢了。毕竟是各有天空，各有前程。

6

大二新学年的开始，再也不用接受向左转向右转如此这般晒得匀称的军训。

舍友一行人站在围栏边打量新一届的学子们，程安忽然想起往年夏天和徐卿一起穿梭小城，看似体格不错的徐卿却总要携带藿香正气水。

"是不是这个时候所有的大学新生都在军训？"

"嗯，是吧。"室友含着棒冰含糊不清地回答。

大学的日子百无聊赖，和舍友约着去了很多新鲜的地方，吃过口味独特的小吃，玩过惊险刺激的跳楼机，甚至去猴子园抱过那些毛茸茸的小猴子们。

生活就像被毛球团扯出的各种线头一样，总要自己一点点地参与收拾妥帖，经历然后成为过去的某个瞬间，再拿出来回忆时发现再乱的毛线头也能扎成像模像样的一件成品衣。

只是程安的这件衣服，再也没能穿给徐卿看。

日子行云流水般踏过，临近圣诞的时候，室友送了她一张圣诞当天的明星见面会门票。

地点是上海电影馆五号棚。

"你去不去，可是好远，太远了，坐个车能把腰闪折了。"

"去，当然去。我现在就去，不然票就过期了。"当晚，说来奇怪一向磨蹭的程安轻装径直去了火车站。

出门匆忙，手机电量显示不足，程安着急地望着车次然后估算到达时间，想来想去，在电话界面和短信界面切换不停，最终编辑了一行字发送了过去。

上一次拨打还是暑假那次拨不出去的母校之行。转眼她和徐卿已经约两年未曾见面。

"我刚好来上海了，见个面吧。"低电量自动关机，她揣进口袋，检票进站。

车子开得迷迷糊糊，问陌生旅客借了一会儿充电宝，冲上电打开朋友圈到处都是欢呼圣诞，她望了望时间，12月25日十五点整。原来已经开了一天一夜。

翻到简讯一栏，她按下"圣诞快乐"几个字发了过去。

7

程安从未看过这样巨大的露天荧屏，东方之珠闪烁华彩。高楼外墙灯光拼凑出"I LOVE SH"的字样。耀眼而璀璨。

"徐卿，我想看星星。"

"什么？"程安的声音太小淹没在江风里。

"没什么，嗯，你是不是要回校了？"她望了一眼表盘发现已经十点了。

"嗯。"徐卿点点头，从见面到分别，徐卿总觉得说不上话，便索性由着程安安排。高中那会儿两个人亲密无间的时候总觉得言语多余，眼神之间便能意会。时隔两年，仍是觉得言语多余，理由却是因为强行熟络倒不如闷声来得自在。两个人一同进地铁站的时候，程安险些被撞下扶梯，往后一仰恰好落到徐卿的怀里。徐卿将她扶稳后立即如触电般缩回了手。

程安回望着高出自己个头一大截的徐卿，愣了几秒，原本扶徐卿的手落了个空。意外地红了眼眶。

上海的地铁换乘弯弯绕绕。前行的方向相反，分立两端。徐卿和她简单道别便伫立等候地铁进站。

二十岁的徐卿，再也没能送她回家。过往的不约而同也在那个落榜的夏天里便作了废。

程安这边的地铁门开了又关，她回头望了很久，哪怕只要徐卿回望一眼，都能看见她没上地铁，她不想走。

"如果下次我刚好到了上海你一定要出来见我。让我抱一下。"

因为我的拥抱，是友好的，只能是友好的。

你别怕。

8

"你有没有去动物园抱过猴子？"

"嗯？所以？"

"它们毛茸茸的，抱起来很舒服，可是它们有思想，会挣脱你的怀抱。"

其实我是友好的，从未有过恶意。

他们关系最后就只剩下友好这个形容词。一如今晚开过彻夜的列车一样，十七岁的程安突突突开往二十岁的徐卿这趟列车，没有回程。

他们之间谈不上喜欢，更不要妄论爱，在每个人的高中时代，都刚好有过孤单，刚好认识某个人，刚好有个位置住下来了。而程安的位置，是徐卿。当然她也无法再收回钥匙只能任他的喜好走来走去。

可是徐卿，程安不会打扰你，她只是刚好到了上海，顺便约你出来。

程安紧紧拽着见面会的票根。时间是12月25日七点半到十点整。

过期了。

就像她和他的故事，也在这个晚上，过期了。

若你是怪人，我会很喜欢

林舒蓝

拥抱像是留了个缺口

什刹海叫海，实际上却是一个连湖都不算的大水塘，岸边灯红酒绿，满湖面姹紫嫣红的光影摇曳，美不胜收。

苏锦瑟穿过拥挤的人群，独自站在江边，温热的风拂过略微散乱的发丝，回忆扑面而来，周言的一颦一笑便浮现在眼前。苏锦瑟悄悄地想，都说见过海的人再也不想回到小河岸边，为什么无论度过多么壮阔的生活，想起美好，心中只此一人。

也许周言也是湖泊，却起了个叫海的美好名字，又也许是从始至终，她以为自己有信心，却没有最好的结局。

像最初相遇一样不温柔

苏锦瑟永远忘不了生命中最刻骨铭心委曲求全的那一天。

高三刚刚开学，九月初的日光倾城而下，洒落在叶间，斑斑驳驳又带不起炎热的气温，穿新校服的高一新生兴奋得很，和苏锦瑟一起挤着食堂，安元元在旁边捂着嘴偷乐，"苏大小姐，你居然也有今天。"

"首先，我不是大小姐。其次，你再说一句试试！"最后一个音苏锦瑟用了恰到好处的语气，精准地表达了严肃的语气与深刻的心情，显得气魄无比，然而紧随其后的话却让安元元笑掉大牙，"饱汉不知饿汉饥，饱汉还要对饿汉说，看，我嘴里有肉。"

"好啦好啦，我跟你一起买肉。"安元元在拥挤的人群中紧紧拽住苏锦瑟。

虽然是和平常一模一样的话，苏锦瑟心里却突然涌起一抹不安，她艰难地摆摆手，比画了一个不用的手势，却不想十秒钟后，她就和一个正奋力穿梭在人群中的少年对峙了起来，他们对面站着，却没有一丝温情暗藏其中，苏锦瑟的脸在十秒内从白到红，再从红到黑，最后从黑又回归到红。

安元元转头看到这一幕，莫名其妙，"苏锦瑟，这是谁啊？"

"不认识。"苏锦瑟再也没脸继续待在原地了，恶声恶气扔下一句，落荒而逃。

但她没想到的是，那个男生会在她身后大喊："喂，苏锦瑟是吧？我叫周言，你欠我一杯豆浆，以后我会要你还的。"

自己丢人就够了，还要拉她垫背？苏锦瑟刚想恶狠狠地转过头，猛然警觉身后那些指向不明的目光，又把头转了回去。继续往前跑了两步，她突然觉得不对劲儿，转身低着头向回跑去，一把抢过了周言手中依旧温热着的大半杯豆浆。

穷是什么概念？苏锦瑟很好地展示了这个字，因为这个比蟑螂还讨厌的字，她需要转头去抢一个刚认识三分钟的冤家的豆浆，仅仅是因为，营养不足的她智商也随之下降，当瘦高个子的周言举着香甜的豆浆想穿过人群时，不偏不倚将豆浆举在了她的嘴旁。

而苏锦瑟……她下意识地喝了一口。

屋漏偏逢连夜雨，豆浆的主人一点儿都不大方，当众记着让她还那杯豆浆，所以苏锦瑟转身，只是单纯地想，既然要还，那这杯就是她的了吧。

让苏锦瑟意想不到的是，周言竟然又重新从她手中抢回了豆浆。

"你干什么？都说了让我还，那这杯就是我的。"苏锦瑟据理力争。

"你才干什么，这杯本来就是我买的，下一杯是你应该赔给我的精神损失费。"

"我呸，我都喝过了。"苏锦瑟的脸腾地又红了。

"原来你也清楚你喝了我的豆浆。"苏锦瑟已经开始挽袖子了。

"不就是一杯豆浆吗？"安元元见大事不妙，立刻端了两杯豆浆来，才终于得以息事宁人，于是苏锦瑟又刷新了穷的概念——可以和一个女生胡搅蛮缠只求一杯豆浆。

同是天涯沦落人，原来苏锦瑟和周言一样，因为高三的到来以及实在不怎么样的高三前摸底考试，被断了一大半银子，周妈说："高三了，收收心吧，别买那些乱七八糟的游戏道具了。"苏妈默契得只是将游戏道具换成了小说。

所以几乎身无分文的苏锦瑟去书店买了两本新出的小说，周言去充值了游戏装备，然后两个人一起争一杯三块钱的豆浆。

不过最后周言大方地说："既然同是天涯沦落人，那杯豆浆就不让你还了。"

苏锦瑟听完周言与她相似的经历，格外理解他刚才的所作所为，望着他的转身挥手的身影露出个大大的笑脸，再转回脸时突然反应过来，那杯豆浆，不是安元元已经给过他了吗？得了便宜还卖乖，苏锦瑟冲着周言的背影龇牙咧嘴，"下次千万别再让我看见你。"

我们还是陌生人

苏锦瑟没想到，下次真的不是她看见周言，而是周言穿着深蓝色的衬衫，懒洋洋地站在他们班门口，冲她招手，"喂，你出来一下。我找到了个赚钱的好地方，要不要一起试试？"

"是什么？"本来苏锦瑟只是想把教室前门关上，把周言赶走，听到这句话，她立刻像兔子似的竖起了耳朵。

"工资日结，一天工作三小时，一百块，就是……估计有点儿晒，是去郊外的农地里帮忙，你去吗？"

"安全吗？"三个小时就一百块，苏锦瑟警惕地问。

"当然，我都是实地考察过的。要是去，今天是周五，没有晚自习，放过学就可以去。晚上太阳也少一些。"周言期盼地望着苏锦瑟。

"我涂三层防晒霜。"苏锦瑟想也没想就答应了。放学后，她让安元元先走，和周言碰面再一起乘车去郊外。

正是夕阳西下时分，一片橘红染着大地，像极了诗中的画面。

经过郊外的那趟车很少，人很拥挤，周言一只手撑住扶杆，自觉替苏锦瑟挡住汹涌的人群，苏锦瑟在心里偷笑，如果不是被家长克扣了钱，周言应该会是个特别细腻

你的笑容照亮未来

的男生吧。

于是，苏锦瑟就带着这样的心情看到了那片周言自称亲自考察过的荒凉土地，杂乱的草和泥土在阳光下肆意散发着热浪，毫无劳动过的痕迹，除了一辆小汽车正冒着热气。

苏锦瑟愣了一秒，拉着周言转身就跑，身后的汽车发动声传来，周言冲着已经离开的公交车屁股使劲儿招手，车没停下来，倒是耽误了不少逃跑的时间。

不过就算时间再多十分钟也没用，苏锦瑟悲愤地看着身后的汽车，应该是一个油门，又一个刹车就停在了他们旁边，周言已经被吓傻了，直直地站在了那里。

苏锦瑟气急了，她是女孩子，遇到事情危险最大，更何况，她身边还站着一个猪一样的队友。

苏锦瑟想也没想就牵起了周言的手，拉着他一起往杂草中跑。天干物燥，她想起每次爸爸开车，都会小心翼翼开过杂草，不然长时间摩擦，车会起火，更何况那辆车的底盘很低，杂草丛中高低不平，乱石堆砌，很容易开不过去，倒是把车底盘碰坏，虽然那样的路，他们也根本跑不快。

管不了那么多，苏锦瑟只能一边拽着已经手足无措的周言，一边做拼死努力，好在不知道跌跌撞撞跑了多久，那辆车终于开不下去了。

周言见状立刻甩开了苏锦瑟的手，站在一旁大口喘气，苏锦瑟突然很想自己离开，把这个奇妙的生物扔在这儿好了，可惜生性善良，她想她做不到不照顾脑残儿童。

苏锦瑟看到车里下来一男一女，冲他们气势汹汹地跑来，她还想跑，可是又惊又吓地跑了那么久，她也几乎要瘫坐在地上了。

苏锦瑟干脆地掏出手机，准备打篇备忘录发在网上，纪念自己少女的美好时光即将就此灭亡。其实她还特别想打电话给她妈妈，问她会不会后悔，因为不准她看小说、做自己喜欢的事情，弄出了一场悲伤的意外，但她没有时间了，她只能因为害怕而不停地往下落眼泪，砸在屏幕上，模糊了触屏。

苏锦瑟眼睁睁看着那对男女朝他们扑来，心一横眼一闭，等了五秒钟也没有什么东西过来，当她再睁开眼时，看到的一场小说里从未描写清楚过的格斗场面，周言正仗着身高优势和那对男女扭打在一起，期间还不时冒出一句："我从来不打女生的，今天非逼我破戒。"

苏锦瑟破涕为笑，想上前帮忙，周言挤出一句："我没事，你别过来，越帮越……"苏锦瑟没听见他说什么，一声惊叫："小心刀！"

男人手中的刀划破了周言的侧腹，九月里的温度还算友好，周言只穿了一件单薄的T恤，紫红色的血瞬间染透了衣服，估计他们也是新手，两人一同惨叫了一声，落荒而逃。

周言痛苦不堪地躺在地上哭，刚才的气势荡然无存。苏锦瑟不敢让家里人知道他们偷跑来这种荒地，只能直接拨打了急救电话。

从医院里出来已经是晚上了，缝针的钱他们没有，苏锦瑟只得找来了苏爸，两个人垂头丧气被训斥了一番，保证再也不会轻易相信陌生人的话。

苏锦瑟被苏爸带走时，狠狠地拧了周言一把，早知道他就是破了点儿皮，就不那么急乎乎打120急救电话浪费钱了，也就不会被苏爸训斥。

不过回到家后，苏锦瑟塞翁失马，被恢复了零用钱。苏锦瑟下定决心，从今以后，遇见周言，他们还是陌生人。

那晚，苏锦瑟做了一场梦，周言走在拥挤的人群中，向她走来，目光专注又奋不顾身。快走到她身边时，闹铃大响，苏锦瑟被惊醒，突然格外想念他。

你礼貌问候，我笑着扭头

苏锦瑟没想到，周言竟然凭空消失了。

她从周一去学校那天，就去他们班各种围追堵截，每次去他教室坐在第一排的小眼镜都说他没来，苏锦瑟也没有他的电话，整整二十一天，都养成习惯了。苏锦瑟趁中午办公室没人，翻出了周言他们班的同学通讯录，抄下了周言的电话和地址，那个座机号码她不敢打，也不敢贸然敲门，就写信，午饭时间扔进他家邮筒里。

苏锦瑟没有署名，也没写其他的话，仅仅掩饰着自己的心急如焚，问他在哪里。

安元元说："他就是个奇怪的人，你怎么啦？"苏锦瑟也不知道自己是怎么了，就是很想见到他，和他说话，和他冒险，甚至和他吵架都很开心。但她没想到，一天之内，会听到第二个人说周言是怪人，这第二个，是周言本人。

苏锦瑟去办公室翻老师的抽屉找通讯录，明明什么也没有带走，还因为太兴奋把一支笔留在了那里，下午却被叫去了办公室，班主任和周言的班主任许老师一起逼问："主动承认，我们还可以原谅你，但是要是上报给学校，后果自负。"

苏锦瑟当即愣在了那里，支支吾吾，"我……我什么都没做啊。"

"你动过老师的抽屉吧？"班主任把摄像头的录像回放，这段时间陆陆续续有东西被偷，办公室里百年不开的摄像头居然被打开了，苏锦瑟哑口无言。

"把手机还回来，这次就算了。"班主任耐着心说，苏锦瑟莫名其妙地望着她，坚持说自己只是来找同学联系录。

"找谁的？为什么要中午跑来找？"班主任咄咄逼人

地问。

苏锦瑟咬咬牙，"找周言的电话，我们是很好的朋友，想问问他怎么了，那么多天不来上课。"

"你胡说什么呢？说谎也不能把老师当傻瓜，周言这几天，连迟到都没有过。"许老师后面的话苏锦瑟听得迷迷糊糊，她终于反应过来，是周言在躲她。

班主任们很不满苏锦瑟的态度，揪着她的衣服把她往校长室拉，苏锦瑟想，这么沉重的代价买一个教训，足够了，周言是怪人，她怎么都不可能走在他身旁。

可是周言是怪人，也可能会自己站在她身旁。

周言从他们身后跳出来，拦在了他们面前，却没看苏锦瑟一眼，"手机是我拿的。"

"没事别捣乱，你都没进办公室的门。"许老师推他走。

周言急了，"真的是我，我逼她把手机拿给我的，我明天就还回来。"周言上前一步，挡住了苏锦瑟惊愕的表情，特别诚恳地说。班主任一时被弄得有些糊涂，干脆放他们两个都回去。

晚自习结束前，苏锦瑟借口去洗手间，徘徊在周言班级的门口，铃声响起的那一刹那，周言背着包冲出了教室，看见她的那一瞬间，停下了脚步。

"为什么躲我？"蜂拥而出的人群过去，学校里变得很安静，苏锦瑟深吸了一口气，想去拉周言的手，却被干脆地闪开。

"我是个怪人。"周言冷冷地说。

"没关系啊，若你是怪人，我会很喜欢。"苏锦瑟擅自改了歌词。周言愣在了那里，逆着凉薄的月光，苏锦瑟看到周言的眼眸闪烁着亮晶晶的色彩，他们静默了良久，欲语又无言。最后周言打破了僵局，"我先走了，以后我们不要再见面了。"

昏黄的路灯下，苏锦瑟有点儿想哭，她望着周言走进旁边小店的身影，又呆呆地看着他端西瓜汁走出来，插好吸管，放在石凳上，转身大步走开。

苏锦瑟冲过去，她突然有一种预感，这次，他们是真的告别了。鲜榨的西瓜汁不便宜，周言的零花钱也回归了吧？苏锦瑟想，该满足了，至少再也不会有第二个女生，因为一杯豆浆与谁相逢。

只是她心里汹涌地泛起一阵难过，苏锦瑟抱着那杯西瓜汁，蹲在路灯下很久，西瓜汁很凉，十月的晚风也凉。

沉默总好过喋喋不休

没有老师再提起丢手机的事，转月，安元元打听到，那个手机，其实是周言的班主任自己带回家里去了。刚收来的新手机，怕被偷走，无意中放进了包里，中午回到家，被上初中的儿子翻到，偷偷拿去玩，班主任就以为是放在学校里，被苏锦瑟趁机拿走。

苏锦瑟的班主任想到那天周言的状态，又叫来了苏锦瑟，旁敲侧击毫无结果后，生动地讲述了高三早恋的一百种危害。苏锦瑟心不在焉地听着，心想反正一切都结束了。

正巧许老师推门进来，笑呵呵地说："老张啊，你放心吧，周言和苏锦瑟不会有什么事的，你就别瞎担心了。"

"为什么？"苏锦瑟比班主任还要抢先地问。

许老师拍拍她的肩膀，"最后一节晚自习估计你也没心思上了，收拾书包跟我走吧。"苏锦瑟一头雾水地跟在她身后，一直走到了周言的家。

苏锦瑟站在那儿，班主任突然停住，苏锦瑟差点儿撞在她身上。

"你很喜欢他吧？"苏锦瑟不知道该怎么回答，不过许老师也不需要她的回答，"别怪他。"

苏锦瑟跟着许老师竟然直接推开了周言家的门，扑面而来一股潮湿的霉味，陈旧简陋的家具映入眼帘。

"今天怎么回来得那么早？"里屋里传来一个声音，许老师探头进去，那个声音又立刻改口，"是许老师啊，您怎么来了？是不是周言在学校闯祸了？"

苏锦瑟透过帘子，看到那个身影挣扎着想坐起来。

回家以后，苏锦瑟想了无数种主动联系周言时可以说的话。"你为什么不告诉我？我可以跟你一起分担。"

"你根本不是被扣了零花钱才跟我抢豆浆喝，你是为了给你妈妈治病，本身就没有钱。"

"喂，那杯西瓜汁的钱给你，加上利息还给你……"

可是每一种最后都被她否定，周言不想让她知道，有多少是碍于面子，又有多少不想让她分担痛苦她也无从知晓，只是苏锦瑟的心中，又重新燃起了一整个太阳。或许某天，找到了合适的手术源，一切都会变好起来。

苏锦瑟终于明白，周言不是大海，也不是湖泊，他只是她最珍贵的人。若周言是怪人，苏锦瑟会很喜欢，若他不是，她也会很喜欢。

哪怕这样的喜欢比青柠还酸，那也没关系，这可是她最喜欢的少年，躲开她又偷听老师训话替她"挡枪"的少年，即便他们或许没有以后。

时光不会褪色

若可以，请常来我梦里

庚　渊

我对爷爷的记忆，可怜到似乎撑不起一篇文章，但我还是想写写他，我害怕不写，那些仅有的记忆只会更加模糊。我不愿意有一天，在我提及他时只剩"爷爷"这一身份词。

1

我最初的印象中，爷爷是一个有着非常严重的重男轻女观念的传统的老一代。

据我母亲回忆，当她生下第一个孩子，也就是我姐姐时，爷爷非常生气，当场砸碎了一个开水壶。

年幼的我听到这件事时觉得可怕极了，不仅因为爷爷的这一举动，还因为我是母亲生下的第二胎，而我很不争气地是个女儿身。我询问母亲：然后呢然后呢？

我在想我出生时爷爷是不是又砸碎了别的东西。

吃惊的是母亲告诉我在我出生后爷爷并没有特别生气。我想，大概他已经直接过渡到完全失望的阶段了吧。

后来母亲生出了我的弟弟，全家人喜出望外，尤其爷爷。弟弟是家族的第一个新生男丁，意义更大，因此爷爷对弟弟从小就疼爱有加。

2

在我读小学的时候，有一次在大厅写作业，爷爷和奶奶要出门，下楼看到我便走过来。看到我的字的时候奶奶说我的字写得丑，但爷爷却反驳说不丑，说写成这样已经很好了。

事实上那时我的字是真丑。

爷爷清楚，但他没有打击我，而是选择善意的谎言来安慰我。这件事我一直印象很深，是少有的温暖的记忆。我不争气，一直到高中字还是很丑，但高中每个假期都在练字，到现在，我的字已经好看非常多了。如果可以，真希望能告诉他这个好消息。

我和爷爷有的合照除了家族合照就是去贵阳时的合照。照片上有爷爷奶奶，我和姐姐四个人，奶奶牵着我的手，爷爷牵着姐姐的手。但我记得，当下公车时，混乱的人群中，是爷爷紧紧地牵着我的手。

我不知道有没有记错，但我觉得，他确实牵过我的手，手掌大而温厚，没有任何写着不爱我的掌纹。我牵着他的手，十分的安心。

那时爷爷还很健康，从贵阳回去之后爷爷好像就开始生病了。

我对爷爷的记忆很少大抵也是因为在我能记事的时候他已经常年不在家了。小时候他和奶奶去叔叔在的工地，等我上了小学的中低年级，他生病了，四处寻医问药，各种大城市来回奔波去找治病的方法。

有一次爷爷奶奶从上海回来，从那里特地带了好吃的烤鸭回来给我们。我们几个小孩子都开心极了，只顾吃。那时我隐约知道爷爷是去看病的，但我并不很在意，那时的我约莫二三年级吧，实在太小了，小得天真，天真地以为爷爷生的只是小病，天真地觉得爷爷奶奶能去上海那个大城市真好。

直到后来我才知道他们在上海的记忆一点儿也不好。奶奶告诉我那一年冬天上海的雪很厚，爷爷奶奶很艰难地走在雪地里，爷爷还不小心摔倒了，把手臂给摔折了。更难过的是，爷爷的病并没有找到治愈的药方。

所有的苦痛只能自己承受，在经历了一系列打击之后，爷爷奶奶也只是把烤鸭带回来给我们吃让我们尝尝大城市里的美食。爷爷就坐在阳台的椅子上，笑着看我们吃。

在那之后，我的记忆里爷爷坐着已经是常态了，因为他的身体已经不能支持他像正常人一样走动了。

在乡下，奶奶带着我和姐姐下海，我问爷爷你不去吗，爷爷就坐在门前的椅子上，笑着说不去了。

他的笑是慈祥和蔼的，他笑着看我们离开。我不知道在我们走了之后他是不是会叹气，是不是会把伤心表现在脸上。他不是不想下海，他是已经无法下海了。

3

爷爷的身体一日不如一日，后来他基本只能待在家了。

我们在县城的房子是自己盖的，一家族住在一起。房子构造很特别，为了通光，中间是空的。因此隔音效果非常不好，在一楼讲话，五楼都能听到。

那时的我很不懂事，常常因为一点儿小事和妈妈吵架。有一次因为一件小事妈妈说了我一句，结果我大哭大闹，在一楼大哭很久，仿佛要用哭声来证明我没错。

那时还是大中午，爷爷生病需要休息，我却一直吵他。奶奶一开始只是在楼上叫我别哭了，说爷爷在休息。但我不听，只顾哭我自己的。奶奶气不过，拿着拖鞋冲下来打我。

她一边打一边骂：你知不知道爷爷现在很需要休息，你有什么事好哭的。

我吓得不敢再哭了，抽抽噎噎的，为此还恨了爷爷一段时间，因为他，从来舍不得打我的奶奶居然动手打我了。

回想到这里，此时的我也真想回去狠狠地揍一顿我自己。

我问妈妈，爷爷得的是什么病，妈妈告诉我是癌症。不足十岁的我根本不知道癌症意味着什么。我又问她癌症会怎么样。妈妈说会死。

我人生中第一次经历与死亡有关的事件，就是发生在我最亲的亲人身上。在那之前，我从来不曾接触过死亡这个字眼儿。

我不知道癌症意味什么，也不知道死亡到底真正意味着什么。

很久以后我看到一句话让我印象颇深。"死亡是唯一可以让我们真正彻底失去一个人的事物。"

真正，彻底地失去。直到现在，我才明白这短短几个字的沉重。

爷爷被病痛折磨得难受，后来他坐在椅子上，也不会对我们笑了，只是呆呆地望着某一处，一待就是很长时间。

有一次爷爷像往常一样坐在阳台，我们几个孩子在屋顶玩，我上去得晚，经过五楼时望了一眼阳台的爷爷，发现爷爷竟然把碗顶在了头上，我不知道是不是自己看错了，到了屋顶之后总觉得很怪异，就和大家说，我们几个都有点儿害怕，便决定下去探个究竟。

我们小心翼翼地下到楼梯处，发现爷爷并没有把碗顶在头上，大家都说我看眼花了，笑着又回屋顶玩耍了。我认真地看了看爷爷，他一个人坐在那里，没有表情，四肢好像被困住一样。

很孤独。这是当时的我就得出的结论。可是我只能看到孤独，却没有能力去打破。

我们继续在屋顶玩。而他一个人，就静静地坐在那儿，周围只有风声。

4

爷爷在我四年级的时候去世了。

在他去世的前一段时间我们这一大家族的人都回乡下去了，九个大人还有我们几个年纪都很小的小孩子。

大人们知道爷爷要走了，所以回乡下，在他临走前陪着他。那时爷爷尚有说话的力气，对死亡畏惧气愤却又无能为力的他无法说些好听的话，我听到他对叔叔生气地说：都快死了还照顾什么？

当时大人们在楼下，孩子们在楼上，我听到这句话之

时
光
不
会
褪
色

后也没有细听到叔叔的回答，只是觉得有些害怕。

也许是从小就和他不亲的原因，加上对死亡没有很好的理解，在那一段时间里，我甚至没有好好地看过一眼爷爷。没有在他的病榻前待过，不曾握他的手，不曾与他说话，甚至没有对他笑过。

我不知道，原来那段时间一结束，就意味着我彻底失去他了。

我在教室上课，婶婶突然冲进来，她对老师耳语了几句，然后让我快点儿收拾书包跟她走。我和她奔跑在路上，我问她怎么啦。她说爷爷不行了。

我们坐车到了乡下。

爷爷被抬到之前的老家里。厅堂里站满了人，我从缝隙里钻进去。这一次，我终于站在了爷爷的身旁，可是他已经看不到了。

我看见他的手，那双曾经牵过我的厚实的大手，如今枯瘦发黄，没有一点儿血色。白布遮住了他，我看不见他的脸。

我能看见的，是教堂里前来为他唱诗歌的兄弟姐妹们，还有哭得撕心裂肺的奶奶和家人。

刚进去的时候，我是没哭的，可是当我看见那双手，看见伤心欲绝的奶奶，看见我的爷爷被白布盖住，一动不动的时候，我哭了。

我的眼泪停不下来，我的哭声让我听不见耳边的声音。

那天我哭了多久我已经记不清了。我只知道，那一天之后，我哭就再也哭不出声音了。

爷爷被安葬在老家的山上，安葬在他母亲的墓旁。

那时，山间的风很静，大人们告诉我，爷爷是去天堂了。

5

有一年清明节回去扫墓，大人们买了花束，我沿着山路，采了一路的野花，然后扎成一束，轻轻地放在爷爷的墓前。那时离爷爷去世已经过了很多年了，我们的悲伤被时间冲淡，剩下的多是怀念。

爷爷在我的记忆里是斯文的模样。他带着金丝边的眼镜，穿深色老旧衬衫，站在一棵开满花的树下，手搭在奶奶的肩上，两人脸上都带着微笑。这是他六十几岁的照片。

爷爷还有高超的技艺，乡下的那一座房子，是爷爷一个人自己盖出来的。一个人挑着担去海边把石头抬回来，自己和水泥，一块一块地垒起来。那座房子建得特别好看。

我不知道爷爷的文化水平，但我记得他的言行举止都很优雅，记忆里除去他临走前的气话和被砸碎的水壶，他从不曾发过什么脾气，说话也是很温暾的。

在爷爷刚去世的那几年里，我常常梦见爷爷。我梦见我们一起坐火车去很远的地方玩，梦见他还在家里，像过去一样。梦很真实，仿佛爷爷真的还活着，一切都很自然而然。可每当我醒来，发现这一切都只是梦的时候，都会哭得不能自已。

后来渐渐长大，经历越来越多的人事，过往的记忆便不断地被冲刷，淡化，我依旧做着很多梦，却已经很久没有梦见过爷爷了。

即便他尚在人世的时候我们并不是很亲近，但我知道他在，而失去之后也是切肤的痛，到现在回想起来依旧是泪流不已。

那时候，如果我是当下的年纪，至少我还能去握握他的手，去和他说说话，而不是以一个无知的形象，以一种不在意的状态去靠近他离开的日期。

我的遗憾没办法用言语来形容。

我知道一切都不可挽回，我知道他真的走了。

但是如果可以，我希望爷爷可以常来我梦里，尽管醒来也许我会痛哭，但至少我能看见他。

在梦的世界里，我很小，他也年轻健康，他牵着我的手，掌心遍布爱我的纹路。

外婆，我突然想起你的脸

张爱笛声

1

苏喜出生在一个较为殷实的家庭里。她的父母年轻时本来是一家工厂的工人，但因为读过大学而且工作努力，慢慢地，爸爸升到了副厂长的位置，妈妈也成为厂里的会计。工作繁忙的爸爸妈妈无暇顾及苏喜，她才刚满五岁，就把她放在了外婆家，由外婆抚养长大。

在苏喜的记忆里，外婆曾是一个与众不同的人。她们住在外公生前单位分发的小公寓里，房子的年龄有点儿大，外表看起来已经稍显破旧。公寓的斜对面是一家幼儿园，苏喜就在那里念书，每天由外婆牵着她的手，把她送到里面去。幼儿园再往前走是一个菜市场，人声鼎沸，积水漫过鞋尖。外婆每天早上都会在镜子前拾掇大半天，苏喜就背着小书包在旁边候着。她看着外婆先是用木梳子把头发轻轻地梳一遍，然后换上一身整洁修身的黑色连衣裙，再从她的首饰盒子里捧出一串珍珠项链，缓缓环绕在脖颈上。又打开一个小瓶子，用手指轻轻地从里挖一小块抹在手腕上，再顺着手腕往手背上抹匀……一股淡淡的清香飘进苏喜的鼻子里，她至今都记得那个名字：老上海姊妹雪花膏。外婆是上海人，带着上海人特有的精致与讲究，就算是挎着菜篮子去买菜，她也必定要把自己收拾得整整齐齐，大方得体。

外婆的家境不差，嫁给了外公后也一直过着衣食无忧的生活，她受过教育，自然就不愿意与身边目不识丁的老太太们打交道。老太太们打麻将的时候，她在家给苏喜做布鞋子，鞋子面上有她精心绣出来的图案，比市面上卖的布鞋子要好看得多。她教会了苏喜下围棋，婆孙两人手执黑白两子，能打发整整一个下午无聊的时光。外公去世后，苏喜是外婆唯一的陪伴。

苏喜到现在都记得这样一个场景，宁静的午后，外婆坐在摇椅上喝茶，她调皮地跳上外婆的膝盖，外婆把她抱在怀里，和她说很多很多的话，她记得最清楚的，是这么一句："不偷、不抢、路不拾遗。"

在外婆眼里，只有小气的、没有教养的人才会斤斤计较，才会有第三只手，才会贪小便宜，而她教出来的外孙女，绝对不能有这些坏毛病。

2

苏喜小学时候的同桌，一直是同一个女孩儿，她叫徐小唐。徐小唐的爸爸是公安局里的一名小职员，妈妈是苏喜父母厂里的同事。徐小唐的妈妈和苏喜的妈妈关系不错，苏喜妈妈因为工作繁忙抽不出身回来看望苏喜时，便常常托徐小唐妈妈带些衣服鞋子、营养品回来给苏喜和外婆。

因为家境好，苏喜妈妈托带回来的东西自然就会"高档"很多。当徐小唐还在穿着二十元一件的T恤时，苏喜已经在穿淑女屋的裙子了。当徐小唐在啃着一块钱两包的辣条时，苏喜却在香草味和榛子味的进口巧克力中犯选择困难症。苏喜讲义气，和徐小唐成为好朋友后，常常邀请她到家里来玩，因为家里总有很多好玩的玩具和好吃的进口零食，她没有人可以分享。可是，外婆却不怎么喜欢徐小唐。

她总是带着怜悯的姿态去看徐小唐，这种居高临下的态度总是让苏喜在小伙伴面前感到很难为情。比如外婆曾当着徐小唐的面说："这孩子，你看这大冬天的怎么不抹点儿润肤霜呢，你看这脸，这手，还有这嘴唇，干得都不行了，我们家苏喜，一到秋天就注重保湿护肤，毕竟是女孩子……"

徐小唐窘迫得把手背到身后，用舌头舔了舔嘴巴，局促地站在原地，低下了头。

外婆会做好吃的糕点，海棠糕、定胜糕、松糕、蜜糕，老上海传统的糕点外婆会做上好几样。糕点端上桌后，苏喜就会邀请徐小唐和她弟弟一起来吃。

是的，徐小唐还有一个弟弟，因为这个弟弟，徐小唐家里被罚了好几万块钱，如果不是因为父母的超生，徐小唐大概也能和苏喜一样穿上淑女屋的裙子，吃上法国进口的巧克力。

姐弟两个一看到桌上摆满的糕点就迫不及待地伸手去抓，左一个右一个地塞到嘴里，苏喜也不由得伸手抓了一个海棠糕，还没放进嘴里就被外婆用手打落。重力落在苏喜的掌心，她听到外婆在旁边用严厉的语气说："你抓什么抓，是饿死鬼吗？你知道手上有多少细菌吗，好的不学，坏的倒学得挺快！"

苏喜讪讪地走去洗手，看到徐小唐也愤怒地打了一下她弟弟的手，"吃什么，我们一副穷酸粗鄙样，让人看不起了，走，回家去。"

那时候，苏喜和徐小唐都是小学六年级，当徐小唐说出"一副穷酸粗鄙样"这几个字的时候，苏喜第一感觉是徐小唐的词汇量真是太丰富了，第二感觉是，外婆实在太过分了。

她去和外婆争辩，外婆不紧不慢地喝下一口茶，说："苏喜，人和人是不一样的，你近着怎么样的人，以后就会成为怎么样的人。外婆不希望你以后成为一个没有修养、举止粗俗还没有见识的人。"

十二岁的苏喜面临第一个选择题，是相信外婆，然后远离徐小唐，或者是去和徐小唐道歉。

她选择了相信外婆。

3

可是外婆错了。

初二那一年，苏喜的妈妈因为挪用公款被抓去警察局调查，听说抓走她的那个人就是徐小唐的爸爸，苏喜没有亲眼见到，但紧接着就听到有人议论说其实是徐小唐的妈妈举报了她的妈妈。再然后，苏喜的爸爸受牵连丢掉了副厂长的位置，降为一个小小的技术员。

苏喜的爸爸受不了这种打击，职位连降几级的现实让这个人到中年的男人灰心丧气，终日酗酒。

苏喜年纪虽小，却隐约觉察到家里是出大事了。她担心妈妈，却又十分不理解她，家里条件已经很好，为什么她还要去做贪赃枉法的事情？还有徐小唐的妈妈，她是妈妈在厂里最好的朋友了，她怎么会亲自举报了她？

苏喜小小的脑袋还没想清楚一些事，外婆就把家里的一套房子卖掉了。她认为，这个世上没有用钱办不到的事。

七十几岁的外婆辗转托了几层关系，想让警察局释放妈妈。可是外婆还是想得太简单，苏喜的妈妈很快被查实罪名，判了六年。审判结果出来的时候，外婆在家气得快晕倒，她到警察局门口去闹，去哭，每次都被人架上警车送回来。人们都说，这老婆子受不了打击，神志不清了。苏喜从来没有见过这样失态的外婆，外婆从来不哭，也几乎很少愤怒，可是这一次，她唯一的女儿要在监狱度过六年，她怎能不心急如焚？

走投无路之下，她竟然还去求徐小唐的妈妈。外婆读过书，可她不懂法，已经判了罪的人又怎么那么轻易地还能放出来？她不懂，她差点儿跪在徐小唐妈妈的面前。

苏喜搀扶着外婆走回家，耳后还回荡着徐小唐妈妈说的那句："你们别怪我，她是真犯了法，她偷拿了那么多的钱，如果再晚几年，她肯定被判得更重。我没错。"

是啊，苏喜想，她没错，错的是妈妈，一个贪念毁了一个家庭。

4

一个房子没了，家里大部分的钱也拿去填补妈妈挖下的窟窿，苏喜后来也知道妈妈是受了人的蒙骗，想要赚更多的钱，然后再把工厂的款填上，可她怎么知道，这是违法的事，一旦做了就必须付出巨大的代价。

苏喜和外婆、爸爸三个人住在小公寓里，爸爸依旧精神不振，每顿饭都要喝点儿酒，奋斗大半辈子的事业就这么没了，苏喜理解他的苦楚，所以也总是任由着他。

苏喜曾想过要转学。从前的她高调也骄傲，吃的用的都比同学的要好，身边的同学都知道她的家境。这一下子出了这样的事，她实在很不想面对别人的风言风语。当然，她最不想面对的，还是徐小唐。

她躲了徐小唐好几天，最终还是躲不过。徐小唐找到她的班级，拉着她到走廊上"亲密谈心"。先是假装好心地问候了一下苏喜妈妈的现状，然后嘱咐苏喜不要太悲伤，还是要好好兼顾学习。末了才说："苏喜，你知道吗，我从小就羡慕你，羡慕你小小年纪就去过香港、澳门，还去看过周杰伦的演唱会，可我呢？我连去你家吃个饼都是一副穷酸样，被你外婆看不起……"

她果然还记得。

"你家出事了，说真的我挺高兴的，你终于不能摆着一副高高在上的样子了，你和我们一样了，甚至比我们更惨。你知道吗，今天早上，我妈看到你外婆在菜市场买减价菜，一块钱的菜价你外婆生生要压到五毛，就差跪在地上求人了，哈哈。"

"你胡说！"苏喜气得想要打徐小唐，"我外婆不会这样做的！"

那天晚上回家，苏喜看到餐桌上摆着的两个菜，一个是豆角炒腊肉，一个是水煮青菜，菜叶子都黄了，尽管外婆一双巧手，也不能将它们变得精致而美味。

苏喜隐约觉察到，大概徐小唐说的是真话。于是她小心翼翼地去问外婆："外婆，我们家真的变得很穷很穷了吗？"

外婆摸摸她的头，说："没有，只是要存着钱让你上大学，不能乱花了。"

苏喜用哀求的语气说："可是外婆，你能不能不要去菜市场买那些减价的菜了，你以前不是这样的。"

苏喜觉得，很丢脸。

外婆用一种说不清道不明的眼神看了她一眼，生气地说："你以为我想？你以为我想死乞白赖地去讨价还价？你以为我不觉得丢脸？"

"你以为我不想安享晚年？"苏喜亲眼看到外婆将一个热茶杯摔到了地上，滚烫的热茶溅到外婆的手上。

然后两个人一起哭了。

5

外婆变得越来越暴躁，苏喜自从经过青春期的洗礼之后，与外婆之间像是隔了很多道墙。她已经很难想起以前的外婆，那个每天品茶，穿着精致气质优雅的上海老太太仿佛只是外婆曾经的影子，如今的她常常会因为苏喜多用了一点儿水而苛责她，会因为苏喜要买一双耐克鞋而埋怨大半天，会因为苏喜爸爸没有及时把家里打扫干净而愤怒。

外婆变成了一个一点儿也不可爱的老太太。

苏喜和外婆的关系降到冰点是在发生一件事之后。那天苏喜在家看书，楼上的刘阿姨来敲门，说是她买给女儿的一件新衣服被风吹走了，让苏喜看看有没有在她家的阳台上。

苏喜去看了阳台，没有。刘阿姨用惋惜的语气说，"我们家云云一直想买这件外套，据说还是限量版，她大哥在美国给她买的，我也不懂，她宝贝得很呢，这会儿不见了，估计她知道后肯定会哭。"

苏喜是认识程云云的，她们同一个学校，但从小到大都没什么交集，就是上下楼遇见了会点点头，苏喜也一直没有把这件事放在心上，毕竟那件外套真的没有飘在她家的阳台上。

过了几个月，天气转凉了，外婆递给苏喜一件新衣服，"给你买的，你快穿上试试。"苏喜是真的高兴坏了，天知道外婆已经有多久没有给她买过新衣服。她在镜子前左瞧瞧右看看，开心地穿着上学去了。

可是没想到只半天，苏喜再次在学校里出了名。上一次是因为妈妈入狱，这一次是因为偷了程云云的衣服。

"苏喜，你怎么能这样呢，你就算再穷，也不能拿了我的衣服啊，这是我哥给我买的，我一次也没穿过，我妈去你家问你，你还说没看见。你怎么能这样？"程云云的声音越来越大，苏喜的头越垂越低，难道，是外婆……

她跑回家，质问了外婆。可是外婆面无异色，说："她怎么就说是她家的呢，这是我托你舅舅给你买的……"

"够了！"苏喜吼出声，"你教我'路不拾遗'，你教我不偷不抢，可是你呢，你为什么要做贼呢？"

6

外婆好像越来越老了，很快地，记性也变得很差。苏喜忙于学习，高中开始住校，越来越少和外婆待在一起。曾经发生的事像一根刺横在心口，两人都不愿提及，一提及便是无休止的争吵。

再后来，苏喜考上了大学，妈妈也出狱，爸爸换了一份工作，家终于是好起来了。可是外婆，却患上了老年痴呆症。她不记得任何人，只记得自己来自上海，每天在家里听戏曲，做糕点。

再后来，她就走了。她走的那天，苏喜正好在参加大学英语等级考试，她没有回来，她想，反正外婆也不记得她了。

八十岁的老人离开，苏喜只伤心了一小段时间便已释怀。她有时候在想，如果他们家没有出事，外婆的晚年一定不会是这样的，她们婆孙俩的关系也一定不会变成后来那样。

偶然一次家族聚会，美国的舅舅回来，他问苏喜，"之前给你买的一件外套你外婆说你很喜欢，我这次又带了一件回来给你，一样是限量版，你一定也会喜欢的。"

苏喜怔在那里，一句话也说不出。在外婆去世两年里都没有掉过一次眼泪的她，突然控制不住落泪。

她又想起那个场景，外婆把她抱在膝上，一遍一遍地重复："不偷、不抢、路不拾遗。"

她似乎闻到了淡淡的雪花膏的香味。她突然想起外婆的脸，却不敢问外婆是否已经原谅了她。

深雪一遇此生长

林宵引

1

恰逢寒潮，杭州的深冬里积雪压弯了树枝，姜元竟不惧严寒，只身赴约。她穿着件不算厚实的外套立在学校门口，置身于嬉闹的人群之外，冻得发红的手指在冰冷的手机屏幕上哆嗦着打字。

她先打了一行字：乔聿我来找你啦。

看了半天，逐字删除，重新道：你学校门口好多人在打雪仗啊！

半晌，叹口气又删了。

最后发出去的只是一句不咸不淡的问候：听说杭州在下雪？

若让袁珂见了她这模样，恐怕又要戳着脑门儿说她怂。

也不知是不是因为天冷，乔聿只懒洋洋地简短一句：是啊。

旁边的长椅上都落满了雪，姜元干脆蹲在地上。回想起以前路过乔聿教室，见他趴在课桌上头发蓬松着翘起来，眯起眼睛笑了。乔聿现在大概窝在寝室的被子里吧。

姜元不知该继续说些什么，索性打开社交软件刷动态，头条就是一张乔聿的照片，袁珂发的，附上一行字"你们的男神，不谢"。

他俩是大学室友，也是高中同学，但姜元只和袁珂熟一些。

照片里的乔聿拥着被子，旁边是雾蒙蒙的玻璃窗，他手指白净修长，在玻璃窗上简单画了一个女孩子，扎马尾，五官不清楚但笑得甜。姜元下意识地摸了摸自己被细雪打湿半长不短的头发，眼睛里的光一下子灭了。

她给乔聿发了句"注意保暖"，然后踩着积雪离开了他的校园。

2

天色一下子突然变暗了，雪势又大了些。

姜元待在旅馆中，动车都停运，回家的车票订不了。

突然袁珂发来消息：你怎么一声不响就跑来了。

姜元回复：你怎么知道？

袁珂：我碰巧看见了，宿舍阳台就在校门口附近。来找乔聿的？

姜元：不找了，打算回去。

袁珂：动车都停运了，要不在杭州玩玩吧，我让乔聿陪你。

姜元：不用，别告诉他我来了。

袁珂：行吧……我帮你看看有没有顺路的车。

姜元：好。

腹中终于饥饿难忍时，姜元才捧着之前买回来的粥，缓缓舀着喝。粥是凉的，手指和嘴唇也都冷得在发抖，可是摸摸心口，仍旧温热。

很多事情，决定之后，发生之后，就很难再认真计算得失。

乔聿好像一点儿都不怕挨冻，那她挨一次也不要紧的吧，姜元无奈地笑笑。

静夜无人的时候，大概最适合回忆。

3

姜元匆匆赶到报刊亭，买到了最后一本喜欢的杂志，回头突然看见一个少年低头看着她，目光说不分明。

她犹豫着举起手中的杂志问他："你也想买这本杂志？"对方笑得很好看，好像姜元以前种的那株夏日玫瑰正盛时的模样。"不用，里面的内容我知道，"然后转身就走了。

姜元后来因为那一期杂志，迷上了里面的一位新人作者，但之后就再未见过他的文章。心心念念的姜元同好友袁珂倾诉，袁珂听罢随口道："我以前在我同桌乔聿家里见过这名字啊，写在一张白纸上，练了很多次。"

后来经过袁珂班级，姜元佯装无意看去，袁珂的同桌好像刚睡醒，伸着懒腰站起来打算出教室。姜元看清之后一惊，迅速扭头走了。

这不是那株夏日玫瑰？

啊，他叫作乔聿。姜元的心口扑通扑通，之后好长一段时间都没再靠近他们班级。

直到冬季来临，向来温暖的家乡竟覆满大雪，就像诗里写的，忽如一夜春风来，千树万树梨花开。

过桥的路面都结满了冰，担心迟到的姜元穿梭于各色车辆之间。没留神突然对面一辆三轮车疾速驶来，她急刹车，轮胎就在冰面上打滑，她披着雨衣狼狈地和单车一起摔在一边。

正打算爬起身，却见旁边乔聿慢慢地骑车路过，回过头有些惊讶地看了她一眼，又看着地上散落的东西。

她出门匆忙，书包拉链忘了拉上，书都跌落出来，连

时光不会褪色

同那本杂志，有心爱作者文章的那一页被她翻了无数次，还贴了标签，此刻正摊开在路面上。姜元下意识地扑倒在那本杂志上，但乔聿已经收回了目光，骑车先走了。

后面的路人大叔见了忍不住叹气道："这傻姑娘哟，摔跤了赶紧起来呀，还管什么小说……"

姜元心不在焉地起身，看着乔聿的背影。他两手冻得通红，大概是有些冻麻了，用力甩了甩左手，随意插在口袋里。

姜元皱着眉想，他不怕冻吗？真是懒啊，下雪天都不戴手套骑车的。

4

后来有一回和袁珂吃饭，袁珂提到，那个姜元喜欢的作者的确是乔聿。

姜元的第一反应却是："那你别告诉其他人了啊，有些作者喜欢低调些的。也别告诉他我知道这回事！"

袁珂扑哧一笑，"人家根本不认识你。"

姜元翻了个白眼，继续吃饭。袁珂半晌想起什么，叮嘱她："乔聿有女朋友，广播站的站长。别太陷进去知道吗？好好学习。"

姜元又翻了个白眼，"谁告诉你我喜欢他。"

过了一阵子，袁珂又兴冲冲地跑来告诉姜元："我跟你说，你有机会了，乔聿跟站长分手了。"

姜元冷笑道："是你有机会了吧。站长的确挺美的，可是追她的人都能从广播站门口排到学校偏僻的足球场，哈哈。"

对于乔聿，她其实真的没有那么多想法。至少那一刻她是这么想的。但人呢，当时当刻说出一些话，又怎会料到之后的变数。

另一年的早春，一场急雨乘着晚风忽来，姜元躲到凉亭下避雨，正碰见乔聿立在不远处，她想上前打个招呼，乔聿突然就坐在了被雨淋湿的长椅上。恰逢广播响起，广播站长清甜的嗓音悠悠扬扬地传开。

姜元定睛看了看，乔聿头上不远处，正是广播大喇叭。

雨中没什么人，雨势愈大，四周愈显安静寂寥，乔聿坐的地方基本挡不了雨。

姜元看着他，突然觉得心里有点儿说不清楚的情绪缓缓地扩散开，像青烟那样，浮在日暮的天地间。她皱着眉想，大概是心疼吧。

5

之后很长一段时间里，姜元同乔聿仍旧没什么联系。但姜元每期杂志都不漏，终于在高考结束后的某一天看到了杂志里乔聿的文章。关于离别的文字，三两句就上了读者的心头。

三人都考取了不错的学校，但姜元在他们俩的南边。

那天正好也是升学宴，酒过三巡，袁珂醉得不行，拉过乔聿，捶胸顿足道："兄弟，这么久了，有件事我憋着真的难受，我一定得告诉你！"

乔聿挑眉，"什么对不起我的事？"

姜元闻言忍不住笑，就坐在对面看着他们。

袁珂附在乔聿耳畔，出口却大声得要让全世界都听见："姜元喜欢你好久了！"

姜元笑意凝固，浑身一震。

袁珂又指着姜元强调道："好久了！"

姜元努力平静呼吸，就知道这傻瓜喝多了没好事。她起身打算澄清，四周却响了各式各样的起哄声，姜元不用伸手都知道脸一定红得发烫。

她就无措地站着，呼吸急促。乔聿突然走近她，像第一次见面时候那样笑着，吐息间是红酒的味道。

"是这样吗？"

四周的起哄声更大了，围绕在姜元边上，有那么一瞬间耳边几乎都成了忙音。

姜元脑海里突然浮现起那个早春的大雨里，乔聿孤单坐着的场景，那时候的他，即便全身淋湿，也要倾听心上人的声音。

她摇摇头，"不是。"她心想，乔聿大概也有些醉了吧。喝醉的人问的话，怎么能当真。

她借口去洗手间，靠在酒店走廊的墙壁上，就着暗暗的壁灯翻开那本杂志，把剩下的部分继续看完。一旁突然有脚步声近了，她抬起头，只见乔聿稳稳地迈着长腿向她走过来。她看着他，都忘记了把杂志藏起来。

乔聿离她还有一点儿距离，看看她手里的杂志，再看看她，这一回没有匆匆走远，而是停下来问她："真的不是么？"

姜元反问道："你不是喜欢站长吗？"

乔聿没什么表情，也没说话。

姜元看了他一会儿，缓缓道："真的不是。"

乔聿的眼神落在她手中的杂志上，淡淡"嗯"了一句，转身离开了。

6

后来每每说到升学宴那天的事情，袁珂就会往姜元脑壳上敲两下。

"你看，你看看。虽说我和站长现在不是男女朋友，但怎么说也算蓝颜知己，而你现在只敢隔三岔五地跟乔聿说一句晚安。"

姜元听到，只叹口气，再往角落里坐一坐。

其实那天之后，乔聿和姜元好像就成了稍微熟一点儿的朋友了。姜元有时候会觉得，这样也挺好的。就站在一个其他朋友不一样的角度，做他的朋友也蛮好的。可每当和乔聿有关的往事浮现在脑海时，她就会变得犹豫，毫无果断可言。就好像有一根线缠住她，稳稳地把她向另一端拉过去，而那一端站着乔聿，带着举世无双的笑意。

挣扎了大半年，下定决心的时候已是深冬。学校刚放寒假，原本打算回家的她毅然改了行程，去了杭州。而今到了乔聿在的城市，又心灰意冷地打算返回。

世事弄人。

7

姜元到家后没几天就接到教练通知去练车，科目三。

电话里，姜元声音疲惫，"教练，要不再过几天吧，我身体不太舒服。"

教练道："还是练吧，听说过些天受寒潮影响可能会下雪。哦对了，你有两个同学也要来的。"

姜元深吸一口气，回应好。挂断后嘟囔道，谁要管那么多。

练车那天上午姜元睡迟了，匆匆赶到时，最后一位学员已经稳当地练完了，拉开车门款款下来，还同她打了招呼。

她仍愣着，车上的另一位学员冲她喊道："发什么呆，赶紧上车练，该你了。"

姜元上车后一直偷瞥车窗外的乔聿，瞧不见了就往后视镜里看。袁珂对着她的脑袋又是一敲，这动作旁人看来也许亲昵，但真被这么一敲，挺疼的。

姜元昨晚背得滚瓜烂熟的操作指南瞬间忘得一塌糊涂，连打个灯都要袁珂一再提醒。一圈下来开得歪歪扭扭，乱七八糟。

袁珂训得累了，教练又临时有事情走开了，乔聿就上了车。

姜元佯装一副很镇定的样子，但上路之后更显慌张。越想在他面前表现得自然，就越是手足无措。

乔聿则紧紧抓住车内的安全扶手，脸色苍白地挤出一句话："姜元，你以前没开过车吗？"

停下车时，许久不言的姜元转过头看他，盯着他的脸，前些天大雪里的冷好像一下子都漫上了心头。

她眼圈都有些泛红，声音微哑，"我是开得很差劲儿，你还是别坐上来了。"

乔聿沉默着下了车，他晕车严重，坐在一边缓神。

姜元的差劲儿状态持续到了驾考那天，直到上车前她还在背那些操作细节，翻来覆去，袁珂只好拍拍她肩膀，"驾考这种事情，随缘啊。"

姜元翻了个白眼，上车了。

大概是搁置了太久的运气聚了个会，她在惊心动魄的路程里竟成功通过了科目三。令人咋舌的是袁珂竟然没过，但姜元想想，要是那辆路过的车不是在袁珂考试时突然杀出来，而是冲向了自己，估计胜算为零。

驾考结束的学员们会分成两批回去，一批是考试成功的，一批是失败的。中途跑了趟厕所的乔聿回来只见姜元和袁珂上了同一辆回程的车，在后面看了半天，有些后悔。

8

学员们一起聚了个餐，不胜酒力的姜元先从饭桌上下来，坐在隔桌醒神，正晕晕乎乎，乔聿突然坐到了她旁边。姜元看着他，一句话也不说。

乔聿艰难地开口道："对不起……我之前不是要嘲笑你。我晕车。"

姜元眯着眼，面无表情，"我想吃麻辣小龙虾。"

乔聿没听清，又接着安慰她，"这次没过还有下次，你要自信一点儿……"

姜元一歪脑袋，"谁跟你说我没过啊？"

乔聿懵了，"你不是和袁珂上的同一辆车吗？"

"袁珂说那辆车上都是大叔，他不想一个人坐，让我陪陪他。"

……

"我要吃麻辣小龙虾！"

乔聿转身走了。姜元以为他不回来了，醉里意识不清醒，不知在想些什么，眼眶又红了。

乔聿回来的时候手里端着一盆麻辣小龙虾，姜元正要拿起来剥壳，乔聿就拉住她的手，帮她戴上了一次性手套。

"吃吧。"

姜元随即开始狼吞虎咽，等到风卷残云般干完了大半盆龙虾之后，袁珂出来了。

"偷吃什么不分给我？同学这么多年你俩不讲义气啊！"

乔聿看着满面通红的袁珂，没好气道："小龙虾。"

袁珂手里的空酒瓶子一下就扔在了地上，赶紧去把姜元扶起来，对着乔聿道："快点儿送医院，她对小龙虾严重过敏啊！"

乔聿把姜元衔在嘴里的龙虾抠出来，直接把她打横抱起来，打车去了医院。

9

等到医生开好了药时，坐在休息区的姜元已经浑身起红疹，乔聿探了探她的额头，好烫。

打针时，越来越清晰的痛感胜过酒精麻痹的醉意。护士注射了快十几分钟，姜元盯着粗圆的大针筒，极力忍耐，到后面整只手臂都开始抽搐。

真是难熬。一时间那些难过的片刻都涌上来了。而让她最难受的人，就坐在她旁边。她扭头用醉眼看着乔聿，视线里好似有些明明灭灭的灯火，乔聿就同这灯火一般，她从来抓不住。

姜元终于忍不住，小声地哭了出来。

"乔聿……"

乔聿握住她的手，声音很低："嗯。"

"我去杭州找过你的，可是你都不知道……"

乔聿抱歉地看了一眼护士，承受对方嫌弃的目光，继续安抚姜元，"我知道的。"

"你怎么知道的……"

"我在窗子边上看见你了。"

"可是你还在寝室里画周烟……"

"我没画她啊。"

"那个扎马尾的不是她吗……"

乔聿仿佛被噎住了，喃喃自语："我什么时候画她了……"说话间他把手圈成圈束了束姜元的头发，"你看，也是马尾。"

护士终于打完针，松了口气般，把止血的棉签交给乔聿，头也不回地出去了。

姜元盯着乔聿的指节看，缓缓道："乔聿，升学宴那天，袁珂说的话，是真的。"乔聿像是有点儿接受不了这直接的告白，一直不搭话。

姜元把棉签拿过来，起身打算走了。多余的眼泪都不愿意流了。

乔聿拉住她，发现拉的是打过针的手，干脆站到她面前堵住去路。

"姜元，我打开宿舍的窗子就可以看见校门口。"

"其实我一眼就看见了你，还是以前那个样子。我……很少见你把头发扎起来，就顺手在玻璃窗上画了。"

"而且我以为你来杭州是找袁珂的。"

10

乔聿写了那么久的稿子，第一次通过的那期，就在姜元手里。后来接连好几期都被毙稿，直到再次过稿，那期杂志还是在姜元手里。

从没想过能有人那么认真地看自己的文章，还在上面贴了标签，划了笔记。也是第一次遇见这么别扭又爱吃醋的人，可是她好像误会了挺多事情。

隔壁病房的电视不知被谁突然调大了声音，正在播天气预报，"预计接下来几日会出现降雪天气……"

姜元嘟囔着："可以去桥上骑车看雪了……"

乔聿赶紧道："不许去，万一又摔跤呢。"

姜元惊讶地瞪大了眼睛，"你记得啊？"

乔聿拉着姜元往医院外边走，"不早了，先送你回家吧。"走了几步又停下来，回过头时一脸认真，"我过两天可能得回学校去，有些事情。"

姜元的心随着这些话，同游乐园里色彩缤纷的过山车一般忽上忽下。

"姜元，等雪停了，再来找我好不好？"

这过山车一路漫长，驶过了好长的险境，茫茫又黯然，如今终于抓到了一点儿光，确确实实地握在了手心。

其实姜元笑的时候嘴角漾着很浅的酒窝，旁人见了都觉得甜。

这夜一路星光漫漫，她周身酒意尚未散尽，但笑得清醒，乔聿觉得很是醉人。

她就在身边，仰首道："好。"

姜元看着他，突然觉得心里有点儿说不清楚的情绪缓缓地扩散开，像青烟那样，浮在日暮的天地间。

影子的爱情故事

毓 橡

1

我叫林小路，不叫林影子。

可是我一直在以影子的身份喜欢着陈昊。

当一个影子有什么关系呢？我在二楼读书时，阳光从一棵大树的叶隙间漏下，洒在课本与我的手指上。等太阳升得再高些，一个模模糊糊的我上半身的剪影便出来了，笼罩在一楼捧着一本英语课本苦读的陈昊身上。

有时是我头发的鬓丝，有时是我的颈部，有时只是我的左肩膀。可是没有关系，即使是影子，能够小小地碰到他，我也觉得很开心。

2

一楼的实验班是受全年段甚至全校学生所瞩目的，我们也称它为"清北班"——一个月全年段综合排名进入前五十名的同学才有资格走进那个班级。"清北班"排在末尾的同学，则不得不收拾课本走到任意一个普通班里去。

这种残酷的机制让"清北班"的同学们自危。据那些普通班的曾进过清北班的尖子生说，里面的气氛很压抑。清北班里有很多教师子女，他们学习基础扎实又多才多艺，老师上课时几乎每人都在一心二用，有的在做加深习题，有的在看文学小说，还有一些人在准备反驳老师。钢琴十级的更是一抓一大把，有的还擅长古筝、吉他、跳舞。

不知道有没有被神化的成分。我只知道，课间"回"字形大楼的一层层走廊上站满了休息的同学，但大家实际上都盯着清北班走出来的每一个人，并与身旁的同学议论他们的外貌、成绩等。

3

实验班里的秦灿容走出来后，周围的几个男生开始骚动并议论她，我没有认真在听。我并不觉得她很漂亮，但她的白皮肤与大眼睛的确值得让人艳羡。站在我旁边的同桌突然转过脸来跟我说："小路，我觉得你跟实验班的秦灿荣长得有点儿像呀！"

其他人也跟着附和道："对呀对呀，好像是有那么一点儿，鼻子和眼睛，还有笑起来的样子，不过身高差得挺明显的。"

我不好意思地笑了笑。

那又怎样，我还是林小路，普通班的，成绩中等，几乎没有任何特长的女生。

唯一的爱好，我也不敢显露给别人看。

我的奶奶是一位音乐老师。小时候，她曾边弹着钢琴边教我唱歌，我稚嫩的声音随着音调一个个地升上去。现在的我手机里存着一些抒情类的歌曲，喜欢一个人听着，再一遍遍地唱出来。我享受尽量让自己的声音听起来更婉转动听的感觉，有时会自豪于那个声音，感觉它像是另外一个人发出来的，而是我在听。

"无论在哪个地方，总有划分为优秀的人和不优秀的人。看不见的天平横亘在那里，衡量着我的价值。"我在日记本里写道。

4

相对于清北班的同学而言，陈昊的成绩并不是很好，可是他声音好听，长得也好看。

有传言，他接下来要跟秦灿容合作参加一个省级比赛的朗诵节目。于是，陈昊减少了拿着课本在外面读书的次数。他跟秦灿容两人接受着黑压压人群的围观，从实验班走出，再从容不迫地走向演播室。

倘若是我，一定会感觉到来自四面八方的或羡慕或好奇或不屑的目光。但是他们两人气定神闲，像是已经习惯了一样。

他们边走边聊天，轻松地笑着。有时陈昊会拿起手上卷着的朗诵材料打秦灿容的头，秦灿容则娇笑着躲避。

班会课上着上着，我突然听见了隔壁楼的演播室里激昂的声音。我撞一撞同桌的手肘，"你听见什么了吗？"

同桌说："什么也没听见。"

"唉，我听见了。"有些细微，可还是钻进我的耳朵里，让我不得安宁。陈昊的声音像潺潺流动的溪水。秦灿容的声音清清脆脆的，像鸟儿。两人字正腔圆，情感充沛，一定可以为我们学校夺得大奖。

我用笔记下班主任所说的班会课内容。

5

我找到班主任，向他拿了校十佳歌手比赛的报名表。他很惊讶，拿给我报名表后，顿了顿，说了一句"加油"。

　　拿到报名表的第一天晚上，我做了一个梦。我梦见舞台下都是议论纷纷的同学，我一开口，同学们就被陶醉了。陈昊和秦灿容作为晚会的主持人为第一名的我颁奖。随即天空雷鸣电闪，大雨瓢泼。同学们像变了一副面孔，有人大喊，林小路唱得难听死了，别把奖颁给她！有黑幕！她是假唱吧？假唱也那么难听？有破音！而我茫然失措，身旁的陈昊和秦灿容一副为难却事不关己的模样。

　　醒来后大汗淋漓，我的心情跌至谷底。

　　第二天课间，校长在广播里激动地宣布了陈昊和秦灿容的朗诵节目得奖的消息。班里响起一片称羡的欢呼声和掌声。

　　我想得奖的两个人也一定很激动。放学后，我看见陈昊与秦灿容一边并排骑着自行车一边聊天。他穿着藕绿色的上衣，深蓝色牛仔裤；她穿着米白色的长裙，腰间是一条茶绿色的皮带。他们或许在聊着学科难题、发音技巧，又或者是领奖时间。秦灿容的左手挂着一串叮叮作响的手镯。那声音刺痛了我的眼睛。

　　我在后面慢腾腾地走，看着他们很快离开了我的视线。一样的啊，就算是人生，他们也像骑了自行车，并排将步行的我甩在后头。可是谁知道呢，我也不想当被甩在后头的人呐。

　　我头越沉越低，最后眼泪终于偷偷地砸下在坚硬的水泥地上。

　　当听说一个月后校十佳歌手比赛的主持人是陈昊与实验班另外一个同学时，我有些发愣。"秦灿容是选手之一，她报名了，听说她唱歌可好听了。"听到前后桌的谈话，我偷偷地将手伸进书包，将那张被揉过的校十佳歌手比赛的报名表捋平。

6

　　我很高兴有一个心思单纯且爱幻想的同桌。进了决赛后，她为我打气说我一定可以拿到好名次，即使她从未听过我唱歌。她又说要为我化妆，化得比秦灿容还漂亮，"一唱成名"，从此她就可以替我收鲜花与巧克力了。

　　我再怎样愁肠百结，也被她逗得笑出来。

　　但笑完我的不安又涌上心头。初赛和复赛的比试都是面对着几位学长学姐，但决赛却是面对全校同学。在决赛的选手中，我自认属于实力中等，优势在于气息比较流畅，但高音部分秦灿容占了很大优势。

7

　　"奶奶奶奶，我就要参加比赛了，可是我一想到比赛就手脚发凉怎么办？"

"不要怕。哎哟，咱们家小路怕过什么呢？你忘记了，你幼儿园的时候见到生人，我们叫你唱歌跳舞，你一点儿也不怯场呢！"

"奶奶，那时不懂事！现在我大了，我看着同学们的眼睛……就怕她们会笑我。"

"那你把他们都想象成土豆和马铃薯？"

"我的同学没那么胖，他们都是些黄瓜、茄子、菜豆。"

"小路，奶奶觉得自己唱得最好的一首歌是唱给你爷爷的。那个时候我喜欢你爷爷好久了。一次聚会上，他说他要到北方一段日子。我突然就来了勇气，对大家说，接下来这首歌要献给他。我把话筒当作他的耳朵，然后轻轻唱了一首情歌。你爷爷说，他就是从那时爱上我的。"

"把话筒当作喜欢的那个人的耳朵？"

"嗯，是的，不要紧张。我们家小路是最厉害的。走，我们去阳台练练声，待会去客厅时可别跟看电视的老头子提起这件事，他会骄傲地说一大堆的。"

8

我发现秦灿容长得的确挺好看的，她穿着一件有闪光片的小礼服，就像一条骄傲的美人鱼。前面有几位选手的声音显得很紧张，实际上我的大脑也是空白的。

　　看着幕后各司其职的老师和学生干部们，我悄悄地窥一眼台下。"接下来，轮到6号选手林小路。"我的名字被陈昊念得抑扬顿挫。我深吸一口气，走上舞台。练了不知道多少遍的熟悉的旋律响起，我第一次不是台下观众的一员，而是台上的人。

　　我把话筒当作陈昊的耳朵，尽量轻柔地唱起来，我只听得到自己的声音。

　　越唱，我越陷进去。我想起了六岁时与爸妈一起游泳，戴着泳镜在池底看到一片旷蓝，想起十二岁时姐姐送我的透亮水晶手镯，想起十四岁时迷上了诗歌，读完诗集后泪眼婆娑。我有一个很大很大很大的世界，里面鲜花明媚，十分美好，只是我以前没发现。

　　现在我将它们，唱给你们听。

9

　　最终第一名是来自16班学声乐的艺术生，秦灿容得了第二名，我得了第四名。领奖时陈昊的声音依旧那么动听。一想到他说的"好的，一曲结束，感谢6号选手林小路同学为我们带来如此动听的演唱"，我就脸红心跳。

　　林小路一直从没有被"漂亮""出色""成绩好"这些词语所赞美过，可有一天也能与"动听"联系在一起，我已十分满足。

我的生活并没有发生翻天覆地的变化，班主任看我的眼神多了赞许，同学们围过来祝贺后日子如常。但有时在路上走，我遇到陈昊与秦灿容时，目光相撞，他们会率先微笑着点点头。

　　一次考试后，我在夕阳西下的操场上漫步。秦灿容跟陈昊向我走过来，打了招呼后，三人并排行走，我感到有点儿不自然。这时陈昊突然说，"咦，你们两个长得挺像的。那时灿容作为3号要出场时，我看见小路站在那，差点儿就赶她出来了。"三人一阵大笑。

　　我跟秦灿容成了挺好的朋友。她是一个活泼的女孩子，人缘也很好。她比我高一些，也比我白一些。有时我会故意选择跟她一样颜色或款式的衣服，大家都说我们越来越像。

10

　　灿容告诉我陈昊向她表白的那一刻，我很沮丧，像被推入了地狱。但我转念一想，反正我本来就只是影子而已啊，之前的陈昊甚至都不知道有我这个人呢，我本就不应该奢望得到这份爱情。我慢慢地疏远了陈昊，也不自觉地疏远了灿容。

　　我真是个小心眼儿的家伙。

　　虽说跟灿容没有整天黏在一起了，但我还是不自觉地买与她相似的衣服，不自觉地在模仿着她。"你以为这样

时
光
不
会
褪
色

陈昊就会喜欢上你吗？"我苦笑。在跟灿容的交往中，我认识到，我们的性格截然不同：我自卑，她自信；我不喜欢交朋友，但她是个自来熟；我喜欢看抒情的文章，她喜欢看严谨的推理小说。而且我们喜欢的人也不一样。她悄悄地告诉我，她喜欢的是她们班上一位作文写得很好的男生。

期末考后，我们三个人在喧嚣的校道上又遇到了。大家一起走着却各怀心事。陈昊走在中间，我在最右边，灿荣在左边。夕阳照下来，陈昊的影子笼罩着灿荣的，我的影子笼罩着陈昊的。

你是她的影子，可我是你的影子。

我突然明白了什么。如果说我以前对秦灿容有嫉妒的话，那现在就什么也没有了。如果说我以前对陈昊是怀着不敢触碰的心情的话，那我现在可以坦然地面对他了。每个人有每个人丰盛的小世界，每个人都很特别。虽说不是一个萝卜一个坑，喜欢这种情感也不是你给我就会要，但这样不也很美好吗？没有一个人需要为对方不爱自己而感到卑微。

11

我还是会偷偷地玩影子这个游戏，即使我知道他喜欢的不是我，甚至不是我这种性格的女孩儿。

但我知道，我不叫林影子，我是林小路。

沙　漏

夕里雪

时光的闹钟嘀嘀嗒嗒，催促着你匆忙长大，而我是那沙漏中流泻的银沙，无声旁观你的春秋冬夏。

故事的开始，是夏末的西塘。浑然天成的泼墨山水，枯藤老树昏鸦，小桥流水人家，举目所及的黛青房瓦，映刻着时光的斑驳印迹。我随一班学画的同学到西塘写生，在随手采撷的秋意中，一不小心捡到了大冰和小雨这对兄妹。

大冰略懂油画，和学长相见恨晚，左耳似乎不太灵光的他微探着头，俩人倚着栏杆聊得唾沫星子四溅。我和小雨捧着柠檬茶在石桥上啜着，氤氲的水汽中，小雨凝视着大冰的侧脸，轻轻地说了一声："真好。"

真好。简单的两个字却耗尽了十年的心力，一笔一画都浸满了年少暗淡的记忆。之后我终于能体会出其间的千钧之重，可惜那时我还不懂，我只是揶揄地揪小雨的耳朵，"喂喂，那是你亲哥哥好吧！你别弄一脸如痴如醉的表情好不好，自己哥哥的那张脸早就快看吐了吧！"

小雨回神看我，认真地一字一句说："建建，我是真的很久没有见过我哥哥了。"

记忆的帷幕渐次开启，时光的暮景变幻到十年之前，登上故事舞台的小雨还是个穿花裙子的小姑娘，而大冰蹬着单车飞驰而过的瞬间，还不忘揪一下她的羊角辫。那时的小雨还不懂什么叫想念，那时大冰的左耳即使隔着房门也可以清晰地听见父母的争吵。

十年前的那个夏天异常闷热，汗水轻易将任何好心情濡湿成一团烦躁。终于，在砸碗砸电视甚至互相厮打都宣告无效之后，母亲打开了那扇门，在大冰和小雨慌乱无措的目光中沉默离去。没有铺垫，没有预演，小雨甚至都没有搞清楚母亲是去买菜还是逛街，母亲就这样在她的人生中匆匆离场。她的背影消失得太快，小雨说，我甚至来不及掉眼泪。

还没来得及学会填补母亲在心中留下的空缺，父亲又开始频繁地出差。原本热热闹闹的三居室一下子变得冷冷清清，大冰从一个房间走到另一个房间，将房门开开合合，小雨抱着维尼熊蜷在沙发里看他，两个人大眼瞪小眼，相顾无言。这样的经历总会以小雨拉住大冰的胳膊为结点，小雨用带哭腔的声音对大冰说："哥哥你不要再开门了，门后不会有人了。"简简单单的一句话，就可以让大冰红了眼睛。那两年的时光仿佛是卡在沙漏中凝滞的时光，翻来覆去回忆起的也只是这些支离破碎的画面。

曾经你有一片海，你觉得理所当然；后来你的贪心遭到了报应，属于你的那片海干成了一滴水。小雨说，可是没关系，即使只有一滴水，也可以折射曾经的阳光和海浪——大冰就是她的那滴水，可是她连这滴水都要失去了。

上了初中的大冰不再喜欢和小雨一起吃饭，即使是父亲交代的每天接小雨放学也百般推脱。小雨站在路口看着大冰和一群男生勾肩搭背地招摇过市，带着脏字的话语中聊着她听不懂的话题。她想上前喊一声哥哥，可是大冰似是不经意的目光瞥过来的却是疏离和拒绝。

他个子长高了，步子也走得快了，我怎么跑都不可能追得上。

小雨如是说。

大冰开始在父亲出差时频繁地不回家。从一个房间走到另一个房间的人变成了小雨，她每打开一扇门的时候都会对自己说：小雨你不要再开门了，门后不会有哥哥了。

故事讲到这里的时候小雨红了眼睛。时间要多残忍，才肯用磨钝的刀子，一下一顿地切断这个世界对你所有的温存。

大冰终于回家了，却不是自己回来的，而是被父亲拎着耳朵扯回来的。据班主任说他不仅早恋、打架，还在年级大会上和几个体育生在会场后排打扑克。大冰想辩解，但所有的话都被父亲一个巴掌挡了回去。他捂着疼痛的左耳对父亲大喊你凭什么管我，父亲愣了一愣，然后粗暴地把他锁进了卧室。小雨试图偷钥匙开门，被父亲痛骂了一顿，无计可施的她坐在房门外对大冰说了一夜的话，她说哥哥你不要怕，我在呢，她说哥哥如果你不开心我们一起走吧，她说哥哥你饿不饿？渴不渴啊？

房门另一侧是死一般的沉寂，薄薄的门板仿佛吞噬了所有的声音。小雨当时不知道，从那一夜开始，大冰的左耳听不见了。追悔莫及的父亲开始带着大冰一家一家医院地看病，得到的永远是令人沮丧的结论。终于在一个月之后的那个下午，父亲让大冰在医院走廊等他和大夫讨论病情的时候，大冰一个人在长椅上坐了十分钟，然后起身离开了。

再一次地，没有铺垫，没有预演，命运再次拎起钝刀，在小雨的心上划下永无愈合的一道。不，应该说起码是有告别的。大冰在真正消失前曾给小雨打过一个电话。他只说了三句话：小雨你长大了吧；小雨你要好好学习；小雨，哥哥的耳朵可以听见你说话。

然后，便是长达五年的销声匿迹。

五年里小雨零星接到过几个奇怪的电话。陌生的异地号码，拿起话筒却没有人说话。小雨对着话筒喋喋不休地说，她说我很好，我又考了第一名，我钢琴过八级了，下个星期还要参加市里比赛……她说得那么开心，就像小时候和哥哥挤在一张床上睡觉，伏在大冰耳边碎碎念一样。等她自己也想不起来还能说什么的时候，电话就被挂断了。"嘟嘟"的忙音中，时间沙漏骤然停滞，短暂明媚的世界再次归于黑白。

小雨捧着听筒失声痛哭。

"小雨，你真的不恨大冰把你扔下吗？"

不恨啊，小雨很自然地说："他想去哪里就去哪里好了，我乖乖待在家里，这样他推开门之后就再也不会发现无人等候。我不会让哥哥推开门之后再次失望。"

他是天生带刺的苍耳，非要在苍茫远方打几个滚才能破土生长，所以小雨你就心甘情愿地站在原地做一棵行道树，即使他走得再远，也不会迷失回家的路。

终于，终于他是回来了。

大冰再次出现是在小雨的高中毕业会上。身材矮小的小雨捧着怀中的零碎在人群中举步维艰，一不留神被一只大手拍在了脑门儿上。此时的大冰早已不是当年那个叛逆的懵懂少年，五年的磨砺让他变成了一个粗糙内敛的成人；唯有看向小雨的目光，温柔一如当年那个揪她辫子的单车少年。

大冰说："小雨你当年不是在房门外说我们一起走吗？走吧，哥哥带你出去看看世界。"

没有问去哪里，没有问怎么去。小雨和大冰搭上了南下的火车，过洛阳，登黄山，游西湖，然后到了西塘。

小雨马上就要开学了，大冰也要回广州继续工作，所以西塘成了他们此行的终点。这座烟雨古镇适合小憩，适合偶遇，但并不适合离别。远去的背影沾染了古镇的水雾，轻易就让人湿了眼眶。但小雨说她不会哭，可怕的不是聚少离多，只要那些辗转难眠的夜里有彼此做寄托，就不怕黑暗欺压终将到来的天明。

时光的闹钟嘀嘀嗒嗒，催促着你匆忙长大；而我是那沙漏中流泻的银沙，无声旁观你的春秋冬夏。

哥哥，你回来了就好。